Heibonsha Library

牧野富太郎

平凡社ライブラリー

Heibonsha Library

牧野富太郎

私は草木の精である

渋谷章

平凡社

本著作は一九八七年一月、リブロポートより刊行されたものです。

●土佐の山野で採集にはげんでいた20歳頃。

●書庫で書物を見る富太郎。私財を投じて収集した蔵書は約５万冊。現在は高知県立牧野植物園牧野文庫に収められている。

●平成11年11月にオープンした、牧野富太郎記念館。
本館和室前から（高知市五台山）。

目次

第一章　誕生前後

かつて日本で最も有名な植物学者の名を尋ねた時、牧野富太郎以外の名が挙げられることはまずなかった。特に植物学の専門家でない場合は、牧野富太郎以外の名を思い付くことは不可能と言っても良い位だったのである。つまり、一般の人々にとって牧野富太郎という名は、単なる人名ではなく、植物学を象徴する名詞にさえなっていたのだった。ところが今日、牧野という字をどこかの植物図鑑で見た覚えがあっても、それを牧野富太郎という名前と結び付ける人は、ほとんど居ない。植物学に関係した仕事をしている人でさえ、そのことを恥とするどころか、誇りにさえしている有様である。

しかし、以前の情況を考えてみるとこれは非常に不思議なことである。植物学、特に植物分類学のような分野は、一般の日常生活とは余り関係がないために、よほどの物好きでない限り一瞥さえされないだろう。このような分野で権威ある地位にも就かず、輝かしい経歴もない人が、多くの名声を得ることは奇跡に近いことにちがいない。しかも牧野富太郎の場合は、一般的な名声ばかりでなく、専門家でさえもがその業績に対して、渋々ながらにしろ、高い評価を与えていたのである。

このような神秘的とも言いうる牧野富太郎の存在は、少し考えてみると余りに不可能なことばかりなので想像してみることさえ困難であろう。だが、牧野富太郎の生涯を見ると、彼にとってこのようなことは少しも不可能なことではなく、むしろ当然なことであることがわかるにちがいない。そして何よりも牧野富太郎の人間的魅力がその中心にあることに気が付くことだろう。さらにその魅力の中心には、一つのことに情熱的に打ち込んだ人が例外なくそうであるように、熱心さと集中力、それに自分自身を裏切らない誠実さがあることにも気が付くことだろう。牧野富太郎の生涯は、単なる植物学者の一生でもなければ、一愛好家としての一生でもない。彼の生涯をたどることによって〝絶対の探求〟を身をもって示し、自分に与えられた生を一つのことだけに費やした人間の本質と実在を明らかにする貴重な経験をすることになるのである。

牧野富太郎が生まれた一八六二（文久二）年は、日本歴史の中でも大きな変動期に当たっていた。否、日本歴史ばかりでなく、世界歴史においても本格的な変化が起こり始めていたのである。今までの価値観や世界観が揺れ動き、人々は手探りで新しい価値観や世界観を探していた。アメリカ合衆国では南部を没落させることになった南北戦争が始まったばかりだったし、近代化を急ぐロシア帝国では農奴解放令が発表された頃だった。太平天国の乱に悩まされていた中国では洋務運動が起こり、インドではイギリスの植民地としての不運な時期を迎えていた。イタリアではやっと統一国家が出来、ドイツではビスマルクによる新しい政治体制が着々と効果をあげ、数年前に出版されたチャールズ・ダーウィンの『種の起源』が大騒ぎを引き起こしていたイギリスでは世界産業博覧会が開かれていたのだった。この十九世紀の後半に見られる世界的な変化に日本も無関係ではなかった。日本では六年後の明治維新に向かって、それまでの封建体制が根底から崩壊しようとしていたのである。

一八六二年、それは寺田屋の変や、島津久光の行列を乱したとされたイギリス人が殺された生麦事件が起こった年でもあった。和宮と徳川家茂との間で伝説的な結婚が行なわれたのもこの年ならば、留学生が数多く送り出され、榎本武揚や西周《にしあまね》たちがオランダへ出発したのもこの年だった。この二年前には井伊直弼《なおすけ》が殺害された桜田門外の変が起こり、この二年後には新撰組による劇的な池田屋の変が起こった。日本は新しく生まれ変わろうとしていたのである。こうして牧野富太郎は何もかもが新しくなった日本で、一生を送ることになったのであった。

当然ながら植物学の世界にも時代の波は押し寄せてきた。しかしながら新生日本の植物学者はどのような生涯を送るべきかということを牧野富太郎以前に身をもって示せた人間はまだ一人も居なかった。そして牧野富太郎にとって、もしこのような見本が必要であるなら、彼自身がそうならなければならなかった。そのため牧野富太郎は自分の価値観、世界観に従って自分の生涯を決定しなければならなかったのである。肩書も資格も、彼は必要とはしなかった。だから彼は全く自由な立場で生涯を送ることが出来たのであった。そして、これが彼の生涯を通しての立場でもあった。

しかし明治維新を経て日本の秩序や社会構成が固定してくると牧野富太郎のような生涯は余り好ましいものとは言えなくなった。彼の生涯における過酷とも言える不遇な生活は、彼の本質的な自由さに原因があるのだった。だが、彼にあのように膨大な植物研究をさせたのも、彼の持つ本質的な自由さだったのである。そしてこの自由さは、彼の個性と共に、彼の生まれた時代と無関係ではないのである。なぜなら牧野富太郎が生きた時代こそ、封建時代の足枷からやっと逃れつつあったという意味で日本の歴史上最も可能性に満ちた、そして最も希望に満ちた時代の一つだったからなのである。

けれどもそのような運命を牧野家の誰も気付かなかった。この牧野家に一八六二（文久二）年四月二十四日、一人の男児が生まれた。この赤子は、やがて牧野家に財政的な崩壊と、植物学者として巨大な名声とをもたらすことになるのだが、そのようなことは当時の牧野家の誰も予知し得ぬことであった。

第二章　改名し、富太郎となる

牧野富太郎は晩年になって書いた『牧野富太郎自叙伝』の中で、自分の生まれ故郷である高知県高岡郡佐川町（彼が生まれた頃は、まだ土佐国高岡郡佐川村という名であった）について次のように記している。

土佐の国、高岡郡佐川町、この町は高知から西へ七里隔った処にあり、その周囲は山で囲まれ、その間にずっと田が連なり、春日川という川が流れている。この川の側にあるのが佐川町である。南は山を負った町になり、北は開いた田になっている。人口は五千位の小さい町である。この佐川からは色々な人が輩出した。現代の人では田中光顕《みつあき》・土方寧《ひじかたやすし》・古沢滋《うろう》（迂郎が元の名）・片岡利和・土居《どい》香国《こうこく》・井原昂《のぼる》等の名を挙げる事ができる。古いところは色々の儒者があり、勤王家があった。この佐川町から多くの儒者が出たのは、ここに名教館《めいこうかん》という儒学つまり漢字を教える学校があり、古くから教育をやっていた為である。佐川には儒者が多く出たので「佐川山分《さんぶん》学者あり」と人がよく言ったものである。山分とは土地の言葉で山が沢山ある処の意である。

牧野富太郎は、自分について記す時は植物について記す場合と違って、情熱的でもなくなり、詳しくもなければ正確でもなくなるのが残念であるが、故郷に関してもこのような淡々とした記述しか残していない。

ところで牧野富太郎についてもう少し詳しい事実を知りたければ、誠実ではあるが謙虚過ぎる本人の声よりは、もう少し饒舌《じょうぜつ》な上村登《かみむらみのる》の声に耳を傾ける必要が出てくる。上村登は詳細な『牧野富太郎伝』の中で、牧野富太郎が生まれた時の牧野家の情況について次のような簡明な記述をしているからだ。

生家は佐川村の古い商家で、代々小間物屋（雑貨商）と酒造業をいとなみ、後には主に酒造業を経営していた。「佐川の岸屋《きしや》」といえば近郷に聞えた豪商で、家業も手広く、藩の御用もつとめ、苗字帯刀を許されていた。佐川の裏町から西谷口への見附に屋敷や大きな酒倉があったので、佐川の人たちは「見附の岸屋」と呼んでいた。

牧野富太郎の誕生を告げるのにはいささか散文的とも言えるこの記述の中にも、彼の生涯の出発点としてふさわしい、いくつかの事実に誰でもすぐ気が付くことであろう。まず牧野家は貧しくなかった。しかも当時の幕末において苗字帯刀を許されていた。これは彼が生まれた時においてすでに、社会的にも、経済的にも、豊かな環境に恵まれていたことを示し、従って努力して高い地位を求めなければならない必要性に迫られていなかったということも示している。このことは牧野富太郎と同じく「忍耐」と書くことを好んだもう一人の情熱的な学者、野口英世とは大変な違いである。貧農の子として生まれ、鋼鉄のような精神力をもった母親から大切に育てられた野口英世が、生涯を通して名声を追い続けたとしても余り奇妙な感じを与えない。一方、牧野富太郎の生涯から野口英世の生涯ほどに、自分自身を極限状態に追いつめるような印象を受けないのは、彼の環境による豊かさも原因の一つとなっていることであろう。

牧野富太郎と野口英世。共に自分の専門分野に関しては経歴以上の名声を得、本当に困った時には不思議に理解者に恵まれ、「忍耐」という文字を好んだこの二人の生涯が、本質的には全く対照的な道を歩むようになった背景には、人生の出発点における決定的な違いがあったのである。

牧野富太郎の生涯の出発点は、野口英世の生涯の出発点とも大分違っていたが、普通の人の生涯の出発点とも大分違っていた。まず彼が生まれた時の名は成太郎であった。生涯にわたって新種約一千、新変種約千五百もの日本の植物の命名を行なった牧野富太郎が、自分自身の命名に当たって多少の紆余曲折があったとしても、むしろ当然なことであろう。だが野口清作が野口英世となったように、牧野成太郎もすぐに牧野富太郎にならなければならなかったのである。

次に牧野富太郎は三歳の時に父佐平を、五歳の時に母久寿をそれぞれ病気で失っている。また母の死の翌年には祖父の小左衛門も失うことになった。従って彼は少年時代から両親の顔も愛も知らず、両親のことを必要以上に美化し、慕い、憧れるようになった。しかし彼は両親のいない不幸を十二分に味わうことはできなかった筈である。というのも彼には浪子という頼もしい祖母が居たからである。そして彼女は、おそらく実の母親以上に彼のすることを総て認め、総て許したのだった。番頭の佐枝竹蔵が買って来た当時は珍しかった時計を、まだ成太郎という名であった彼が分解した時も大して叱られないで済んだことだろう。かくて彼は母親の死により、母親以上の母親である祖母を手に入れることが出来たのだった。

それから牧野富太郎は生まれた時から身体が弱かった。そのため隣の越知《おち》村から雇われた乳母も気を使うことが多かったかもしれない。祖母は赤ガエルを食べさせたり、酒男に押え付けさせて灸をすえたりした。体格は「西洋のハタットウ」（西洋バッタ）とあだ名されるほどやせていた。だが牧野富太郎があれほどの長生きを出来たのもこの生まれつきのひ弱さによることだろう。身体の弱い人が大抵そうであるように、彼自身も普通の人以上に自分の身体を気にかけていたにちがいないからだ。

牧野成太郎が牧野富太郎と改名したのは一八六八年、明治元年のことである。日本の社会が新しくなった年と、彼の名が新しくなった年とが一致していることは象徴的である。牧野富太郎が新しい日本と偶然にも歩調を合わせてゆくことになるからだ。

だがこの年は彼の祖父の小左衛門が病死した年でもあったし、それに佐川には幼時の呼び名を改名する習慣もあった。だから成太郎から富太郎への改名は、牧野家に取り付いている不幸の神を何とかして追い払いたいという願望と、土地の風習との一致によるものでしかないだろう。ただ結果から見ると、隣の家の親類の子にあやかったとされる富太郎への改名により不幸の神だけは確実に居なくなったようである。多分将来の富のことも期待して付けられた富太郎という名前には、結果的に日本の植物学を豊かにする意味が秘められていたのだった。そして何よりもこの改名こそは、植物学者牧野富太郎が誕生するための最初の一歩ともなっているのである。

第三章　学校と富太郎

一八七二（明治五）年、牧野富太郎は寺子屋へ通うようになった。これは生涯にわたって続けられた彼の厳しい学究生活において、学問と接触した最初の時期であった。佐川は学問が盛んな所と言われたが、その恩恵を受けるのは、当時ではまだ武士の場合に限られていた。だが以前から苗字帯刀を許されていた牧野家の息子を、他の町人の息子と同じように扱っていいものだろうか。当然、例外として認められなければならない。こうして牧野富太郎は土居謙護の寺子屋へ入った。

この寺子屋へ入ったことにより、牧野富太郎の世界は大きく変わった。一人息子だった彼は、毎月一日、五日、二十五日だけが休みである寺子屋へ通うことによって、他の子供の存在というものを意識するようになった。読み書きにおいても、運動においても、他人に負けないような子供になった。子供達のグループの中でも目立った存在として活躍した。この頃彼が最も好んだ遊びは、シイの実を拾うことだったが、その時に出会った黒い蛆虫《うじむし》の恐ろしさは彼の心に深く残り、それは後に「地獄虫」という随筆で次のように書かせたほどだった。

私は一日シイ拾いにここに来て、そこの落葉をかき分けかき分けして、落ちているシイの実をさがしていたところ、その落葉をさっとかきよせて見た刹那、「アッ！」と驚いた。そこには何百となく、数知れぬ蛆虫がうごめいていた。うす黒い色をした長い六、七分くらいの蛆だった。それはちょうど厠の蛆虫の尾を取り除いたような奴で、幅およそ一寸半ぐらいの帯をなし、連々と密集してうごめいているではないか。

私は元来、毛虫（方言、イラ）だの、芋虫だののようなものが大嫌いなので、これを見るや否や、「こりゃ、たまらん！」と、大急ぎでその場を去ったが、今日でも、それを思い出すと、そのうようよと体を蠕動させていたことが目さきに浮かび、何となくゾーッとする。しかし、その後私は今日にいたるまでどこでも再びこんな虫に出会ったことがない。

その後、牧野富太郎は寺子屋が廃止されたため、伊藤塾または蘭林塾と呼ばれていた塾へ移った。ここは、塾頭が伊藤徳裕《のりひろ》で、号を蘭林といい、算数や習字の他に四書五経の読み方まで教えていた。この塾で牧野富太郎の世界はさらに広がることになった。というのも、この塾の塾生はほとんどが士族の子で、町人の出身者は牧野富太郎と、やはり同じ名の山本富太郎との二人しか居なかったからである。しかもこの塾では、町人の出身者は下座の者とされ、士族の子である上座の者に礼儀を尽くさなければならなかった。この身分の違いだけは牧野富太郎の努力でも覆すことが出来なかった。彼の学力には、上座の者も一目置くほどのものがあったにもかかわらず、彼が上座の扱いを受けることはなかったのである。おそらく牧野富太郎が生涯にわたって権威や肩書というものを必要以上に避け続けた背景には、少年の頃伊藤塾で実際に体験しなければならなかった身分というものへの不信感が秘められていたことだろう。これは一人の少年が大人の世界というものを認識する最初の瞬間であり、この大人の世界へ順応出来るかどうかが決定される瞬間でもある。牧野富太郎はこのような大人の世界を絶対に許さなかった。そのため彼はこれ以後不遇な生活という罰金を大人の世界に対して支払わなければならなくなるのだった。そして残酷な大人の世界は、この罰金を支払う能力のある人だけにしか存在を許さないのである。

伊藤塾で牧野富太郎が習得したもっと重要なことは、漢籍を自由に読みこなす基礎を培ったことだった。牧野富太郎の独創的な研究や視野の広さも、もし伊藤塾で漢学を学ぶことがなかったならば、かなり異質なものとなっていたことだろう。一見植物学とは無関係に思える漢文の知識こそ、牧野富太郎の教養を支える大きな礎の一つだったのである。それと同時に彼の号である結網、また結網子や結網学人も、この塾で「古人曰うあり、淵《ふち》に臨《のぞ》んで魚《うお》を羨《うらや》まんよりは、退《しりぞ》いて網《あみ》を結《むす》ぶに如かず」という一文を知ったことから生まれたものであった。何よりも自ら行動してみせた牧野富太郎程この号にふさわしい人はいないだろう。牧野富太郎は伊藤塾から、失うものよりもはるかに多くのものを得ていたのである。

一八七三（明治六）年、十一歳になった牧野富太郎は、佐川藩主深尾家の藩校として開校した名教館にも通うようになった。名教館には伊藤塾の塾頭でもあった伊藤徳裕もいた。そのため、最初伊藤塾と名教館とに通っていた牧野富太郎も、名教館だけに通うようになったのであった。

牧野富太郎が本格的に学問に接することが出来たのは、多分この名教館へ通うようになってからだろう。まず漢学と国学とを中心とした偏った知識が正された。英語、数学、物理学、天文学、地理学、経済学、歴史学等を学んだ。牧野富太郎の世界は益々広がっていった。そして名教館の教科書として使われていた福沢諭吉の『世界国尽』、川本幸民の『気海観瀾広義』、後藤達三の『窮理問答』、内田正雄の『輿地誌略』というような本を読んでいった。教科書もこのように素晴らしければ、環境もまた素晴らしかった。先生も学生達も新しいものを知ろうとし、自由に学んでいったからである。大部分が十二歳から十八歳の少年という中で十一歳の牧野富太郎は一番の年少者であったが、この名教館の雰囲気を敏感に感じとっていた。

名教館は、毎日朝八時に小使の鳴らす板木の音で始まった。授業では、黒板に砥石《といし》の粉で文字を書き、皆はそれを毛筆で書きとった。時間も線香で計った。新しい知識に対して敏感だった牧野富太郎は、新しい時代に対しても敏感だった。牧野富太郎は、やがて学者になってからも常に自分自身の身の回りを注意し、他人にお洒落な人物という印象を与え続けたが、その傾向は少年時代から既に現われていた。彼は学問に熱中する余り、不潔な服装で人に不快感を与えることを最も嫌ったからである。おそらく生まれた時から彼に備わっていたと思われるこの傾向は、人にさわやかな感じを与えたが、また彼自身に非常な経済的負担を強いたのでもあった。鉛筆《ペンシル》が輸入されると、名教館で真先にこれを使ったのが牧野富太郎だった。それは教授の伊藤徳裕が授業で皆に使い方を紹介するよりもはるかに前だった。また佐川に住む欧化主義者に勧められて、散切頭《ざんぎり》にしてもらったのが友人達の中で一番早かったのも、牧野富太郎だった。

こうして文明開化の足音と共に、牧野富太郎の名教館での勉強も進んでいった。そして牧野富太郎も文明開化の影響を次第に受けるようになったのである。一八六九（明治二）年、小学校設立の方針を政府が指示すると、その年の五月に京都の上京《かみぎょう》第二十七番組小学校が最初に出来、一八七二（明治五）年には「一般の人民必ず邑《むら》に不学の戸なく、家に不学の人なからしめんことを期す」とした学制が発布された。そして佐川にも、このような政府の方針と無関係ではいられない時がやって来た。一八七四年一月には、佐川にも小学校が出来たのである。

この小学校の内容と、ここでの牧野富太郎の生活が詳しくわかっていないことは実に残念な気もする。というのもここでの約二年間の学校生活こそ牧野富太郎の学歴の総てだったからである。彼はこの小学校での生活が非常に不満だったようだが、それも当然と思われるところもある。まずこの小学校には校舎がなかった。そこで名教館の建物が小学校となった。希望者は皆入学出来たので、様々な学力をもった一八四名の生徒が一斉に入学してきた。それに対しこの小学校では、上等と下等とがあり、それが各々八級ずつに分かれ、六月と十二月に進級し、四年で卒業できるという仕組で対応した。もちろん、臨時試験で早く進級することも出来た。

ところで牧野富太郎はその『自叙伝』の中で「私は明治九年頃、折角下等の一級まで進んだが、嫌になって退校してしまった。嫌になった理由は今判らないが家が酒屋であったから小学校に行って学問をし、それで身を立てることなどは一向に考えていなかった」と記している（なお彼の他の著書『思い出すままに』の「寺子屋時代」という章では「一番上の上等の上級まで上がった」としてある）。牧野富太郎が学問で「身を立てる」ことは考えていなかったにしても、彼が学問を必要ないと思っていなかったことだけは確かである。彼の本格的な勉強は、小学校をやめたからこそ始めることが出来たといってもよいからである。これ以後、彼がとった勉強方法は独学であった。これは場合によっては最も苦しい勉強方法であると同時に、最も楽しい勉強方法でもある。場合によっては最も不安な勉強方法であると同時に、最も自信にあふれた勉強方法でもある。場合によっては最も危険な勉強方法であると同時に、最も効果のある勉強方法でもある。ただはっきりしていることは、本当に自らすんで勉強をしようと思っている人にしか、この勉強方法がとれないということだ。牧野富太郎が小学校をやめたのは、そこで学問が行なわれていたためではなく、学問が行なわれていなかったためであったことは明らかであろう。名教館に比べて小学校の学習内容はあまりに程度が低過ぎた。このような小学校へ入学したことに牧野富太郎は地団太踏んで悔しがった。

それは牧野富太郎ばかりでなく、名教館から来た他の生徒達の中にやめていった者が多いことからも窺えるほどであった。

　ところが小学校を途中でやめたことは、牧野富太郎に小学校中退という学歴しか与えなかった。これは常識的な世間の目から見れば屈辱的な学歴であり、恥ずべき学歴である。牧野富太郎の場合、この学歴は決して学力の不足を意味してはいないのだが、世間の目にはそう映った。牧野富太郎は学力があるからこそやめたのに、世間は学力がないからやめたのだと決め付けた。牧野富太郎は小学校をやめる時、一つだけ大事なことを忘れていたのだった。つまり、他の人は牧野富太郎ではないということを。そのため牧野富太郎が自分自身のことを考えるようには、誰も彼のことを考えてはくれなかった。他人は、その人がこれから出来ることではなく、これまでに出来たことで判断するからである。彼の自由な態度も、学問への情熱も、誰も理解してはくれなかった。そして牧野富太郎は世間が彼の存在を認めるまで、小学校さえ卒業出来なかった男として扱われなければならなかったのである。

　しかし、牧野富太郎にとって激怒と絶望しかもたらさなかった小学校生活において、楽しいことが一つもなかった訳ではない。晩年の牧野富太郎に「小学校での生活では、博物図を見るだけが楽しかった」と言わせた文部省発行の四枚の掛図を見ることが出来たからである。

この『博物図』というのはカラーで植物に関する基礎的知識が図解してあり、第一面が葉形や花や根の説明、第二面に果実、第三面に穀類や豆類、第四面に野菜や海藻や菌類が描かれたものであった。そしてこれは、彼の怒りを鎮め、彼の失望を和らげ、彼の心を魅了し続けたのだった。でもこの時には、この『博物図』の編著者である田中芳男と小野職愨《もとよし》とに彼自身がやがて出会う運命であるということにはまだ気が付いてはいなかった。しかし、この『博物図』こそはこれから彼が進むべき方向をはっきりと示していたのである。

その後しばらくの間の牧野富太郎については、彼自身『自叙伝』の中で「小学校を退いてからは本を読んだりして暮らしていたらしいが、別に憶えていない」という素気ない記述しか残していないため、断片的で不十分な資料で我慢しなければならない。そのような資料の中には、明治維新の影響で戦争の真似をして遊んだというような話もあるが、将来の牧野富太郎を思わせるような話もある。それは高価な外国の昆虫採集のための道具を丸善から買ったり、庭に温室を作ったりしたという個人的な思い出の他に次のような話もあるからだ。

佐川に小学校が出来てしばらくすると名教館の教授達は小学校の教員などを教えるための場所として伝習所を作ったことがあった。そしてこの伝習所で使った家は後に青年達が学術団体として結成した公正社が買ったが、この集まりでの牧野富太郎の活躍ぶりには他の人々の心の中に深く残るものがあったというのである。これは牧野富太郎の学問好きとは別の一面も表わしている。彼は植物の研究の他に、一般の植物愛好家達への啓蒙活動にも大きな貢献があったが、彼の情熱的な活動は既にこの頃から始まっていたのである。

また、従妹の牧野猶《なお》ら三人の女性と共に出来たばかりの高知尋常師範学校へ入学するために高知へ行った時、彼女たち全員が入学したのに牧野富太郎だけは一人で佐川へ帰って来たこともあった。師範学校でも小学校と同じで、知っていることしか学べないというのである。こうして牧野富太郎は学校という組織の中で学ぶより、独学という学習方法をとり続けていったのだった。

ところで牧野富太郎に散切頭を勧めた男に、真鍋という欧化主義者がいたが、彼はよく遊びに来る牧野富太郎に当時珍しかった赤インクなども作っては与えていた。そしてこの気さくな男は自分も一員となっていた佐川の英学会に牧野富太郎を紹介するようなことまでしたのである。この英学会では、高知から長尾長、矢野矢という奇妙な名前の二人の英学者を招き、高知県庁から借りた洋書を使って、英語の勉強をしていたのだった。

この佐川の英学会での勉強に加わるには何の資格も、身分も必要ではなかった。英語の知識さえ必要ではなかった。ただ必要なものは学問への好奇心だけだった。それに牧野富太郎はそれだけはたくさんもっていたし、生涯にわたってもち続けたのである。牧野富太郎がこの英学会での優秀な生徒であり、ウェブスターの辞典や薩摩辞書などを使って、文典や様々な洋書を読んでいったとしても何の不思議もないだろう。このような学習方法こそ牧野富太郎が一番好きな方法であり、彼に一番ふさわしい方法だったからである。そして植物に関する知識をはじめ、彼にとって最も重要な知識を、彼はすべてこの独学という方法によって手に入れていったのである。だがこのような牧野富太郎の生活もやがて変化しなければならない時がやって来た。

彼の生活の変化は、まず思わぬ所から訪れた。一八七七（明治十）年に牧野富太郎は佐川小学校の教師になってほしいと、そこの校長から頼まれたのである。彼の真の学力を知っている人は、彼のことを単なる生徒としては絶対に扱わなかったのだった。おそらくこれは彼の実力が正当に評価された最初の時でもあろう。牧野富太郎は素直な生徒ではなかったかもしれないが、少なくとも優秀な教師であったことは確かだろう。後に日本中で牧野富太郎から直接植物について教えを受けたことを誇らしげに話す人は、相当の数に上ったにちがいないからだ。良い教師というものは、決して生徒に自分の知識を押し付ける指導はせず、生徒自身が憧れるような見本を身をもって示し、自分の専門については非の打ち所がない知識をもっていなければならない。そして牧野富太郎は、生まれつき良い教師になれる条件を備えていた。つまり牧野富太郎という存在が、そのまま良い教師なのであった。彼は「佐川小学校授業生を命ず、月俸参円」という辞令で代用教員となった。彼は佐川小学校で最も優秀な教師の一人であったにもかかわらず、その地位も、その俸給も、不当に低いものであった。しかもそのことに最も気が付いていなかったのは、他ならぬ牧野富太郎自身だったのである。

牧野富太郎は、佐川小学校で良い教師だった。以前、この小学校で不愉快な思いをしたことがある彼は、悪い教師というものがどのようなものかということをよく知っていたからである。かつて生徒の立場から厳しく教師を批判していたのに、今度は彼が批判される立場となった。彼は教師の立場ではなく、生徒の立場でいつも考えるようになった。生徒の中に彼より身体の大きい者や年上の者がいても、彼は気にかけなかった。そして教えることが金を稼ぐための手段とはならずに、教えること、そのものを楽しんだ。彼は俸給の総てを、小学校のために使っただけでなく、俸給以上の金を小学校のために使った。後に彼は植物採集を一緒にした大学生達によく食事を奢ったが、そのような気前の良さは、この頃から発揮された。それは一八八六（明治十九）年に佐川小学校へ、オルガンを寄贈したことにも見られるだろう。

彼はもしこのまま佐川小学校の教師を続けたとしても、それなりの影響を残すことが出来たにちがいない。しかし牧野富太郎は、教師を続けることが出来なかった。彼は佐川小学校の教師という仕事が、自分の本来の仕事でないことをはっきりと知っていた。彼の本来の仕事に対するぼんやりとした努力は、すでにこの頃から窺うことが出来る。彼は友人達と『博物叢談』という雑誌を作り、この中に彼の最初の論文を発表したからである。この雑誌は牧野富太郎が中心となり、彼自身が手書きで少部数を作成し、読者に配布したものであった。彼は生涯にわたって本を愛し、本を書き続けて、それを自分の主要な仕事の一つとしてきたが、そのような姿勢は既にこの頃からこのような形となって現われて来ていたのである。

彼はまだ自分の本来の仕事をはっきりと知っていた訳ではないが、そのためには教師を辞めなければならないことはわかっていた。これからやらなければならない仕事は、教師をやりながら、あるいは酒屋の仕事をやりながら、片手間に出来ることではないのだ。彼は自分の中に、偉大な仕事をする人だけが感じることの出来る、大きな意志の力があることに気が付いた。これから彼がする仕事のためには、他の総てのことを諦めなければならない。そして一刻も早く、その仕事に取りかからなければならない。彼は小学校を、出来るだけ早くやめなければならないことに気が付いた。かくて一八七九（明治十二）年、牧野富太郎は佐川小学校の授業生を退職した。こうして佐川小学校は最も優秀な教師を失ったのであった、それも永久に。

第四章　独学の人

寺子屋や塾や独学によって牧野富太郎の知識は次第に増えていったが、彼にとって最も素晴らしい学校は自然そのものであった。自然はその魅力で、知識に飢えていた牧野富太郎を、どのような学校よりも引き付けた。だが彼は生涯をかけて自然から学び続けたのであるが、学び尽くすことだけは出来なかったのであった。自然は、ゲルマン民族の神話に出てくる、毎日屠殺され食べられても翌日には元気に生き返ったセアリンという愉快な豚のように、牧野富太郎の旺盛な食欲と丈夫な胃袋をもってしても食べ尽くせなかったのである。

少年時代から牧野富太郎の本来の生活は学校ではなく、自然の中にあった。後に大学で講義するようになっても、教室内での授業よりも、野外での植物の実習に力を注いだのは、彼にとってむしろ当然なことなのであった。まず佐川は化石の産地として有名だったが、彼が最も自然に接し、最も親しんだ場所は横倉山であった。そのためこの平凡な山は、牧野富太郎によって日本の植物学上、有名な山となってしまったのである。もし牧野富太郎が居なかったならば、この山は今でも平凡な山のままでいたことであろう。しかし、彼はこの山へ何度も出かけるうちに、この山にある多くの植物に気付くようになった。平凡なものの中に秘められた非凡さは、誰もがすぐ見付けられるものではない。特に自然はこのような非凡さを易々と曝け出すことを嫌うものである。このような非凡さは逃げ易く、しかもいつもは光を避けて、洞窟の奥深くに潜んでいるものなのだ。だから非凡さを見付けることの出来る人は、まず好奇心が強く、鋭い観察者であり、熱狂的な探求者でなければならない。そして牧野富太郎は、その総てであった。彼は頻繁に出かけることによって、横倉山のことを何でも知ろうとした。やがて彼の熱意の前に、自然は今まで隠していた真実の姿を見せだした。そして牧野富太郎は、盗賊の洞窟へ入ったアリババのように、自分がどのような宝庫の中に居るのかということに、気が付いたのだった。しかし彼は次から次へと見付かる珍しい花を、見るだけでは満足しなかった。彼はそこの総ての花の名前まで、知ろうとしたのである。自然は優秀な教師であり、優秀な教師であるが故に厳しい教師でもある。自然は容易に名前のわからない珍しい花を、次々と見せては牧野富太郎を困らせた。だが花の名前を知りたいという彼の熱心さと誠実さとは、そのようなことで屈服する訳がなかったのであった。

花の名前を知るのには、まず先人たちの成果に、目を通さなくてはならない。そのような本を何とかして読みたいと思っていた頃、牧野富太郎は素晴らしい話を聞いた。佐川の西谷に居る医者で、名を西村尚貞《しょうてい》、号を耳彦という六十余りの老人が、全部揃ってはいないが『本草綱目啓蒙』の写本を持っているというのである。『本草綱目啓蒙』というのは、江戸時代の本草学者で博物学者の小野蘭山（本姓は佐伯《さえき》。名は職博《もとひろ》。一七二九―一八一〇）が『本草綱目』について講義した記録を編集したもので、その『本草綱目』は、一五九六年頃に明の李時珍が編纂し、全五十二巻もあり、その中で約千九百種の植物・動物・鉱物の薬品目について記述した本草書であった。彼は早速西村尚貞の家へ行き、その本を見せてくれるように頼んだ。おそらく牧野富太郎の熱意と正面から対決して勝てる人は居ないだろう。何しろ自然でさえもが、彼に対してだけはいくらでも秘密を見せるようになったのだから。もちろん、西村尚貞は牧野富太郎に『本草綱目啓蒙』を貸すことにした。牧野富太郎は、かつて辞書を筆写した蘭学者のような熱意をもって、『本草綱目啓蒙』を筆写した。牧野富太郎が『本草綱目啓蒙』のような正統的な本から植物学へ入ったのはとても良いことであった。なぜなら彼が『本草綱目啓蒙』を筆写した時こそ、彼が本格的に植物学と接した時であり、彼の将来が決定した時だったからである。この『本草綱目啓蒙』にこそ牧野富太郎の原点があり、この本に彼の植物学の総てが集約されているのである。植物の一つ一つを丹念に調べていく彼の方法も、本物の植物と本とをその主な研究手段としたことにも、この『本草綱目啓蒙』の大きな影響が窺える。牧野富太郎はこの本を筆写しながら、やっと自分の本来の仕事を知ることが出来た。彼はこの本を筆写しながら、日本の植物をこのようにまとめることこそ、自分の本来の仕事であり、自分にしか出来ない仕事であることがわかった。そして、彼はこの本を筆写しながら、自分の生涯が植物学のためにあることを知り、後に彼自身はっきりと認めたように、自分が〝植物の精〟であることにやっと気が付いたのであった。

牧野富太郎の植物への好奇心は、筆写した『本草綱目啓蒙』で一応満足させられた。しかし、それはほんの一時の間にしか過ぎなかった。彼の貪欲な好奇心は、不完全な『本草綱目啓蒙』のおかげで、かえって不満足感が増した。空腹な人が不十分な食事のために、一層空腹を感じてもっと食事を欲しがるように、彼は完全な『本草綱目啓蒙』が欲しくなった。常に一層完璧なものを求めなければ気が済まない牧野富太郎の意志の力が、ここでも作用した。彼はいつでも自分を許してくれる祖母の所へ行き、完全な『本草綱目啓蒙』の必要性を説いた。祖母はこの本がいかに牧野富太郎にとって重要なものであるかということはわからなかったが、少なくとも孫が欲しがっているものであることだけはわかった。彼女は洋物屋と本屋とを兼ねている鳥羽屋へ注文して、わざわざ大阪から『本草綱目啓蒙』とは少し異なる『重訂本草綱目啓蒙』を取り寄せた。彼女はその時に気が付いていたかどうかはわからないが、これこそ彼女が牧野家のために行なった最良の投資であり、最良の取引きだったのである。

この本が届いた時、牧野富太郎はどれほど感激したことであろうか。植物と同様、書物についても彼は異常なほどの愛着と収集癖を示したが、これは書物が彼にとって単に活字を印刷した退屈な紙の束ではないからなのである。彼にとって本とは、知らない植物の名前を教えてくれる魔法の箱であり、自然と自分とを一層しっかりと結び付けてくれる仲人であり、自然の不思議をわかり易く見せてくれる鏡であり、共に自然の謎を考えてくれる共同研究者なのであった。後になって牧野富太郎が「図書館へ行こうとは思いませんし、また行ったのはこれまで一度か二度くらいのものです。……もともと本が好きなものですから、必要な本は手元に置かぬといかぬという考えがあった」と言ったのも、この本を手に入れた時の感激が忘れられなかったためだろう。読書家の中には大変な蔵書家である場合と、驚くほど本を持たない人とがいるが、牧野富太郎は総ての本を常に辞書のように用いたために、いつも近くに置かないと気が済まないのだった。この点、同じように自然を愛しながらも、生涯にわたって貧弱な蔵書で満足し続けたアンリ・ファーブルとも、本に対する態度は異なったのであった。

ところでこの時、牧野富太郎を感激させた『重訂本草綱目啓蒙』全二十巻は、『本草綱目啓蒙』を井口楽三が重訂し、一八四七（弘化四）年に泉州岸和田藩により発行されたもので、これからしばらくの間、彼が植物を調べる時の強力な武器となったのであった。だが、やがてこの本は牧野富太郎から武田久吉の手に渡り、また『本草綱目啓蒙』を筆写したものも西清元の所有物になる運命にあった。これも牧野富太郎の気前の良さを示すものだろう。しかし牧野富太郎は、『重訂本草綱目啓蒙』への感謝の念を一生忘れなかった。そしてそれは一九二九（昭和四）年に、東京帝国大学名誉教授の白井光太郎が中心となって鈴木真海による現代文の完訳本が春陽堂から出版された時、その校訂者の一人となったほどであった。もっともこの恩返しは、彼が『重訂本草綱目啓蒙』から受けた恩恵に比べれば、あまりにも小さなものであったけれども。

当時の牧野富太郎が持っていた植物研究のための本は、『重訂本草綱目啓蒙』だけではなかった。明の周定王の著とされ、約四百種の植物の形や調理法が図と共に簡単に記されている『救荒本草』の和刻本も、高知から買って手に入れ、彼の忠実な相談役となっていた。さらに、一七一四（正徳四）年に、稲生若水が校訂出版したという和刻の『本草綱目』を、後に熊本医科大学学長となった山崎正董が持っていることを知ると見せてもらい、また江戸時代の医師で蘭学者であり近代科学としての植物学と化学の紹介者である宇田川榕庵（一七九八―一八四六）の三巻本の『植学啓原』を、医者の堀見久庵が持っていることを聞くと借りて読んだ。こうして牧野富太郎の植物への知識は本の世界を通して、広く深く培われていったのだった。

だがすぐに牧野富太郎も、本だけでは佐川の植物だけでさえも総て知り尽くすことが出来ないことを悟る時が来た。彼が名前のわからない水草を採ってきて『重訂本草綱目啓蒙』で調べてもわからないので、手桶の中へ水を入れて放っておくと、側を通った女中がこれはビルムシロだろうと呟《つぶや》いた。この女中は、少年時代の牧野富太郎よりも草やキノコの名を知っていることがあった。かつて彼が山で見付けた大きなキノコが、「狐の屁玉」または「天狗の屁玉」と呼ばれていることを教えてくれたのも、この女中だった。そしてこのキノコは、『昆虫記』のファーブルが「狼のすかしっ屁」という少々下品な名のキノコを忘れなかったように、彼の記憶の中にいつまでも生きていったのである。

ところで女中の発言という思わぬ所からこの水草の名前がわかって驚いた牧野富太郎は、

何度もビルムシロという名前を彼女に確かめた。そして『救荒本草』のヒルムシロの項に眼《がん》子《し》菜《さい》という漢名と共にこの水草の説明があり、その中に方言でビルムシロとも言うことも記されてあったのである。これは牧野富太郎を謙虚にするのに十分な出来事だった。もし彼が本で得た知識のために植物に関して思い上がっていたとしても、彼にはそのようなことに気付くだけの賢さもあったのである。彼には、植物に関することなら、どのような人からも、心から学ぼうとするだけの寛大さと情熱とがあった。そして知識を得る手段を書物だけに限定してはならないという反省も得た。植物を前にして、植物を知ろうという人々は、皆同じ価値があるのだ。これは後に彼が植物を通して多くの人々と交わるようになった時、どのような人とも親しく付き合い、どのような人の話にも耳を傾け、どのような無名な人からの手紙にも返事を書くということの下地を作ったのであった。そして牧野富太郎が社会的地位や肩書ではなく、人間そのものからその人を判断するようになった背景には、彼が植物と共に人間のこともよく学んでいたからなのであった。

佐川小学校の授業生を退職した牧野富太郎は、再び学生となった。今度彼が入学した学校は、高知にある弘田正郎の五松学舎という塾だった。この塾の名は、塾の敷地に五本の松の木があることと、弘田正郎が東京にある三島中洲の二松学舎に学んだことから来ていた。牧野富太郎はわざわざ高知まで出て来て、そこに下宿して五松学舎へ通った。しかし自分自身一度教師をしたことのある彼は、講義をおとなしく聞いている忍耐をすっかりなくしていた。彼は塾へ入っても相変わらず独学を続け、詩集を写したりしていた。祖母が学資以外に送ってくれる金も、すべて本代になった。その頃の牧野富太郎は、彼にしては珍しく衣服に気を配らなかった。そして塾では離れの一室で、地理学や植物学の勉強ばかりしていた。この塾の主要な講義である漢学については、一度も受講しなかった。この彼の漢学に対する徹底した拒絶ぶりについては、遂に弘田正郎本人が「この間牧野という人が入塾したが、ちっとも講義を聴きに来ない。あれは一体どうしている」と塾生に尋ねた程であった。結局、牧野富太郎はこの塾の講義からは、何一つ学ぶことはなかったのである。

しかし高知まで出て来たために、良いこともあった。それは当時、高知高等師範学校の教諭だった永沼小一郎と、知り合えたことである。おそらく牧野富太郎は、誰でもそうであるように、生涯にわたって自分自身のことを最も高く評価し続けたであろうが、特に植物学においてはそうであった。彼は植物に関しては、誰の言うことにも心から耳を傾けたが、植物に関する真の実力に関しては自分を他人と比較することさえしなかったであろう。彼自身の知識に関する自信のほどは、五松学舎の講義を全く受けなかったことからも窺えるからである。だが永沼小一郎に対する牧野富太郎の反応は、はるかに異なったものであった。彼は、相当の実力をもった者同士が、互いの実力を心から認めて尊敬し合うような態度をもって、永沼小一郎と接したのである。永沼小一郎こそ、彼が初めて植物学において自分自身と本当の意味で比較した最初の人物だったのである。

永沼小一郎は舞鶴で生まれ、神戸にあった兵庫県立病院付属医学校から高知へ来た人で、その博識ぶりは牧野富太郎でさえ一目置くほどであった。さらに彼はバルフォアの『植物学』やベントレーの『植物学』を翻訳し、牧野富太郎は彼の所で早朝から深夜まで話をすることも、しばしばあったのである。こうして生まれた永沼小一郎との友情は、牧野富太郎の一生を通じて続き、やがて一八九七（明治三十）年永沼小一郎が教職を辞して東京へ移り、小石川巣鴨町に住むようになってからも変わることはなかったのであった。

五松学舎の塾生でありながら、塾生としての生活をしていない牧野富太郎の高知での中途半端な生活は、思わぬ所から終止符が打たれることとなった。かつて彼の両親や祖父の命を脅かしたコレラが、急速に流行し始めたからである。コレラに石炭酸が効くことを聞いた牧野富太郎は、インク壺に石炭酸を入れて持ち歩き、いつも鼻の穴になすりつけて鼻にしみるほど匂いを嗅ぐようにしたが、高知でのコレラの流行はそのようなことでは安心出来ない程ひどいものであった。彼はこの伝染病に対して石炭酸よりももっと効果的な方法、つまり高知から逃げ出すことで身を守ることにした。かくて彼は半年程で五松学舎の怠惰な学生ではなくなったのである。

佐川へ帰った牧野富太郎は、彼に最もふさわしい生活に戻った。彼はいかなるものにも所属せず、いかなる資格も持たないで、植物学の独学に戻ったのである。誰に対しても卑屈にならず、対等な関係を保つためには、何ものにも属さないことが必要である。何ものにも属さなければ自分自身の立場から冷静に相手を判断出来るし、肩書や社会的地位で判断を誤る危険性も少なくなるからである。しかし何ものにも属さないためには、何ものにも属さなくても不安を感じないだけの、自分に対する自信と、退屈さを感じないだけの賢さがなければならない。そしてこのような生活を送ることが出来たところに牧野富太郎の人間性の本質も窺えるのである。

牧野富太郎が単なる植物の愛好家から本格的な植物学者へ変わろうとしていた頃、彼の家では酒造業のみを営むようになり、しかも他人に貸してやらせた酒造業から、利益を得るようにまでなっていた。番頭も佐枝竹蔵から井上和之助へと代わり、師範学校を卒業した従妹の牧野猶も手伝いに来てくれていた。牧野富太郎の家も、回りの様子も次第に変わっていたのに、彼だけは相変わらず植物に熱中していた。しかもその熱中ぶりは、もはや引き返すことができないほど激しいものとなっていた。彼は日本における『本草綱目』のようなものを作ろうとしていた。そのためには、日本にあるすべての植物の完全な標本がなければならなかった。植物学を研究する学者から見れば、珍しい植物を見付けたり、集めたり、それに名前を付けたりすることは、初歩的なことであり、軽蔑すべきことなのかもしれない。しかし、まずすべての植物に名前が付いていなければ、植物学の研究は始まらないのである。そして日本の植物学の最も基本的な根源を、非の打ち所がないほどしっかりと固めたところに、植物学者としての牧野富太郎の偉大さがあるのであった。だがそのためには、膨大な数の植物を調べ、膨大な量の文献を読まなければならず、また多くの忍耐も必要とした。これは収入や地位や名誉のために植物学を志した者には、出来ないことであった。牧野富太郎は最も多くの労力を必要とし、最も少ない賞賛しか得られない植物学の分野へ、自らの意志で進んでいったのである。

そしてそのためには、いつまでも佐川に居る訳にはいかなかった。日本中の植物を集めるためには、日本中を旅しなければならなかったし、まず揃えなければならない文献が、佐川には余りに少な過ぎた。優秀な顕微鏡のような器具も必要だった。それに、日本を代表する学者に、牧野富太郎の存在を知ってもらわなければならなかった。そのためには、東京へ行かなければならなかった。東京こそ、彼の植物研究の根拠地となる筈の場所であった。そして彼が上京を決心した時、誰もそれを阻まなかったし、また阻むことも出来なかったのであった。

第五章　植物学者を志す

一八八一（明治十四）年の東京は、日本の中心としてふさわしい形を整えつつあった。西南の役も終わり、日本中が明治維新の熱気から少しずつ冷めつつあった。学問や芸術は政府の指導の下で、西洋化が進められていた。一八七七（明治十）年に発足した東京大学も大学らしくなり、同年にはモースが大森貝塚を発見したばかりだった。しかし牧野富太郎はこのような東京を見たいために出て来たのではなかった。彼はやがて多くの苦しみと名声を与えられることになったこの都市で、彼自身が納得出来る植物学者になるための準備をするために、やって来たのであった。

一八八一年の東京では、第二回内国勧業博覧会が開かれていた。牧野富太郎は、この博覧会の見物を祖母に話した。彼には、祖母の許可を得る必要はなかった。彼の希望は、祖母の前ではかなえられたことと同じだったからである。だがこの旅行は、普通の人が普通の旅行をするように行なう訳にはいかなかった。佐川で由緒ある牧野家の一人息子が、たった一人で東京まで行ってはならないのだ。そこで、かつて番頭だった佐枝竹蔵の息子の佐枝熊吉と、会計係としての雇人とが、牧野富太郎に随行することになった。これは祖母が牧野富太郎に示した精一杯の好意であった。そして、これは十九歳の若者にしては贅沢過ぎる旅行であった。

一八八一年四月、牧野富太郎達は初めて海外へでも出かけるような送別を受けて、佐川を出発した。徒歩で高知へ行き、そこから蒸気船で神戸へ向かった。神戸から京都へは汽車に乗り、そこから大津を通って四日市までは、植物を採集しながら歩いた。牧野富太郎にとっては、どのような旅行も植物研究と無関係ではなかったのである。四日市からは和歌浦丸という蒸気船の三等船室で横浜へ向かい、横浜から新橋までは汽車に乗った。こうして牧野富太郎は東京へ着いたのである。彼には、初めて東京へ出て来た若者が味わうような憧れや不安にひたっている余裕はなかった。まず下宿することになっていた家のある、神田猿楽町へ行った。牧野富太郎の生涯における東京での第一日目は、興奮と驚きに満ちた慌ただしいものであった。

東京での生活は内国勧業博覧会の見物から始まった。それからたくさんの本を買った。欲しかったドイツ製の顕微鏡も、買った。彼の部屋には大きな沢庵石と一緒に植物の腊葉《さくよう》標本が次々と並べられてゆき、下宿の家屋もその重みで苦しそうな悲鳴を上げ始めた。だが牧野富太郎には、まだ東京でしなければならないことがあった。それは、佐川小学校で彼の心をとらえ続けた『博物図』の執筆者である田中芳男や小野職愨《もとよし》がいる文部省博物局を訪問することだったのである。

当時田中芳男は博物局の天産部長であって、その部下の小野職愨は、小野蘭山の後裔で日本最初の植物学の教科書と言われる『植学浅解初編』など多くの植物関係の著作がある人だった。田中芳男（一八三八—一九一六）は蘭学、医学、本草学を修めた博物学者で、一八六六（慶応二）年パリ万国博覧会へ出張し、一八七一（明治四）年日本最初の博覧会である物産会を東京九段坂上で開き、第一回内国勧業博覧会事務局長ともなって、日本に博物学を広めることに功績のあった人だった。田中芳男は牧野富太郎を暖かく迎えてくれ、部下の小野職愨や小森頼信《よしのぶ》に博物局を案内させた。彼らは、毎日のように博物局へやって来る牧野富太郎を少しもうるさがらず、『土佐植物目録』を作っていると話す彼を励まし、植物の標本や文献についての貴重な忠告を与え、今後の重要な文献については佐川へ帰ってからも知らせてあげようという約束までしてくれた。さらに牧野富太郎は、神田一ツ橋にあった東京大学理学部の植物学教室を見せてもらい、小石川植物園も案内してもらった。そして、小野職愨の自宅まで訪ねて話を聞かせてもらった。東京での研究の様子は、彼が想像していた以上だった。大学の標本は、自分の今まで集めた標本が貧弱に思えるほど立派だった。それに研究者達は親切で、知識も豊富だった。牧野富太郎はすっかり感激し、彼らの態度こそ自分の理想だと確信した。

しかし、まだ年も若く経験も浅い牧野富太郎は、大学や研究所の研究者には少なくとも三つの顔があることに気が付かなかった。つまり、自分の知識と権威を認める一般人に見せる気さくで慈愛に満ちた顔と、自分と同じ地位の者に見せる傲慢な顔と、自分の地位を脅かす実力を持った者に見せる憎悪に満ちた冷酷な顔である。だが生涯において一つだけの顔を持ち、その顔だけを持ち続けた牧野富太郎には、大学などの研究者たちの別の顔までは、わからなかった。牧野富太郎にとって不幸だったのは、そのことがわからなかったことではない。やがて後にそのことをわからなければならないような経験を経るようになっていったことこそ、彼にとっては痛ましいことだったのである。というのも、それ以後の牧野富太郎は、大学などの研究者に対して以前のような情熱も尊敬も信頼も抱けなくなってしまったからだった。そして人間よりも植物を一層愛していたのではないかと思えるような人間嫌いの一面も、やがて彼の心の中に芽ばえてきたからだった。つまり彼にとって不幸だったのは、生涯にわたって植物だけが彼を裏切りもしなければ失望させもしなかったことであり、彼自身そのことを知ってしまったことなのであった。

牧野富太郎はこの最初の上京において、いつまでも東京だけに居る訳にはいかなかった。東京に居られる期間は限られていたし、何よりも大切な植物採集もしなければならなかったからだった。五月の末には宇都宮に一泊しながら日光へ出かけ、中禅寺湖畔からは二度とそこで採集出来なかったヒメニラも見つけた。そして日光から戻ると、間もなく佐川へ帰ることになっていたのである。

東京で自分の一生を植物研究に捧げようという決心を一層かたくした牧野富太郎は、帰り道を植物採集に徹底することにした。新橋から横浜までは仕方なく汽車に乗ったが、そこから先は京都まで東海道を歩いたり、馬車を使ったりしてゆっくり進んでいった。途中の伊吹山では珍しいイブキスミレ（この花は二度目の上京で、理科大学の松村任三《じんぞう》により大学の標本にもない外国のヴィオラ・ミラビリスであることがわかったものだった）を発見したり、泊まった家では庭先にあったアベマキの薪まで荷物の中に仕舞った。そして往路のように京都から神戸まで汽車で行き、神戸からは蒸気船で高知へ向かい、そこから佐川へ帰ったのである。こうして牧野富太郎は、新しく生まれ変わったような人間となって佐川へ戻った。なぜなら彼は自分の人生を決めてしまう青春時代における決定的な一時期を、東京で過ごしてきたことを知っていたからである。

当時の佐川も変わりつつあった。青年達は明治時代の自由な雰囲気の中で、新しい生き方を楽しんでいた。経済的余裕のある青年たちの中には、希望にあふれた明るい未来を、酒や恋や性病と（大抵の場合はその全部と）交換する気前の良い者もたくさんいた。また政治運動も盛んに行なわれるようになり、そのために利用される料亭も方々に出来た。板垣退助が高知県に生まれたこともあって、佐川は自由党の勢力が強く、自由民権論がしきりに論じられていた。牧野富太郎も、政治には無関心ではなかった。そして植物学の本ばかりでなく、スペンサー等の政治的な思想書も読んでいた牧野富太郎は、かつての名教館《めいこうかん》の建物を利用し、彼自身も所属していた公正社の同人の影響もあって自由党に入党したのである。

かくて彼の生涯の中でも、極めて特異で喜劇的な一時期が始まった。植物的人間牧野富太郎から政治的人間牧野富太郎への変身である。何事についても誠実に徹底してやらないと気が済まない牧野富太郎は、政治活動においても手を抜かなかった。自由党はほんの一時期にしろ、素晴らしい運動員を得たのであった。自由党の演説会には、いつも忙しそうに働く牧野富太郎の姿があった。世の中を良くしたいという青年らしい気持ちから、権力の象徴である官憲の前で、夜中にわざと卑猥な歌を歌ったりして留置場に留められたこともあった。しかし世の中は、良くはならなかった。しかも自分の地位や名誉のために、政治的な活動をしている者も多かった。世の中を良くするためには政治的な活動よりも、もっと確実で効果的な方法がある筈だった。それに牧野富太郎にとって、何よりも大切な植物の研究が出来なくなってしまった。牧野富太郎は、自由党に入党したこの短い期間に、重要なことを学んだ。つまり自分は、政治的人間ではないということである。彼はこのことを一生忘れなかった。そして以後、彼は死ぬまで政治的活動に近付くことはなかったのである。

政治活動をやめる時にも、政治活動をしていた時と同様、牧野富太郎らしい徹底ぶりが発揮された。自由党の脱党を決意した彼は、もはや二度と他の人が彼を再び誘いに来ることがないように、その意志をはっきり表明しようとした。そこで、政党間の争いを諷刺した絵を染め抜いた旗を染物屋へ注文し、この旗を持って友人たちと仁淀川《によどがわ》の河原で行なわれていた自由党の大懇親会へ乗り込み、大声を出して、そこで行なわれていた演説会を台無しにしてしまったのである。牧野富太郎は、秘かに脱党するようなことはしない。彼の期待を裏切ったものは、彼から徹底した復讐を受けることになったのである。

非政治的人間の大袈裟な笑劇の後には、静かだが熱気にあふれた研究生活が、牧野富太郎に訪れた。まず彼がしなければならないことは、東京で田中芳男らにかたく誓ってきた『土佐植物目録』の完成であった。これは東京の植物学者たちの間で、牧野富太郎の真の実力が試される絶好の機会でもあった。そのため一八八一（明治十四）年九月下旬、牧野富太郎は高知県西南部の足摺岬から幡多郡へかけての植物採集の旅へ出た。この時の採集の一つの成果は、一年に一度しか結実しない筈の栗の中に、二度も三度も結実する二度栗、三度栗と言われたものの正体を突き止めたことであった。それは何度も結実するのではなく、花期と結実期とが非常に長いだけの普通の栗だったのである。その他にも彼の『土佐植物目録』を、一層充実させるに足る収穫もあった。このような旅行での観察や採集の成果を目録だけでなく、もう少しまとまった形で発表したいと、彼が考えるようになったとしても何の不思議もない。それに彼には、すぐ挫折したとはいえ、以前に『博物叢談』という貧弱な雑誌を出した経験もあった。そこで、彼は科学に興味のありそうな数人の友人たちと相談して、理学会のような集まりを設け、再び雑誌を作ることにした。そしてこの雑誌は『博物叢談』よりも、もっと内容が豊富で、もっと多くの人々が読み、もっと長く刊行されなければならなかった。

新しい雑誌を作ることが決まった時、何万もの読者をもつ全国的な雑誌の編集長になったつもりの彼は、載せるべき記事のことで頭の中が一杯になった。

この新しい雑誌は、刊行される前に決めなければならないことが、たくさんあった。まず名前が決まっていなかった。しかし、それはすぐ決まった。名前を付けることが好きな牧野富太郎が居るのに、いつまでも決まらないということはあり得ないからである。この時も彼の漢文の素養が発揮された。彼は四書の一つ、『大学』の「……致知在格物……」（知を致すは物を格《ただ》すに在り。つまり、ちゃんと物事に当って原理を突き止めること）という言葉から『格致雑誌』という名前を付けた。この名前は牧野富太郎の教養の深さを知るためには適当なものであったが、一人でも多くの読者を引き付けるためにはあまり適当なものとはいえなかった。次に執筆者や編集者や印刷者や発行者なども決めなければならなかった。だが、このような面倒なことは、おそらくこの雑誌に関係した人々の中で一番熱心だったにちがいない牧野富太郎が引き受けることになった。そして当時の佐川には印刷所などなかったため、この雑誌の作り方も『博物叢談』と余り変わらないものとなったのであった。つまり牧野富太郎自身が、半紙に毛筆で書いたものとなったのである。当然この雑誌は、友人の間で読む回覧雑誌となった。

『格致雑誌』の第一号では、化石のことが中心に書かれていた。佐川の土地には古生代から中生代にかけての複雑な地質構造が見られたため、よく保存された化石がたくさんあり、地質学者のエドムンド・ナウマン（一八五四―一九二七）も、わざわざやって来たことがあるからだった。ナウマンはドイツに生まれ、ミュンヘン大学を卒業してから一八七五（明治八）年に日本へ来て、以後東京開成学校教授を経て、東京大学の初代地質学教授となった人であった。今日までナウマンの名を有名にしているナウマン象は、一八八一年ナウマンが鑑定記載した旧象を、一九二四（大正十三）年槇山次郎が、新たに亜種として命名したものである。牧野富太郎は、化石に関しても彼らしい熱心さで取り組んだことがあり、それは今でも、かつて彼がいかに正確な化石の図を描いていたかを、思い出す人が居る程なのであった。化石の採集については牧野富太郎自身、次のようにも言っているのである。

明治十五、六年頃でしょうか、私はよく化石、いや Fossil のことは正しくは彊石《きょうせき》と言わなければいかん――彊石を採りに行きました。あそこの上郷の蔵宝院では、黒い石の中にあるダオネラ・サカワナという平たい二枚貝を採りましたが、何でも日本に五、六ヵ所しかないとのことですが、今でも採れますか。

佐川で当時、化石蒐集家として有名だったのは外山矯という人で、ナウマンを案内した人でもあった。だが牧野富太郎も、地質学者の小藤《ことう》文次郎が佐川へ来た時には、一緒に化石を採集したことがあった。もっともこの時に牧野富太郎の注意を最も引いたのは、小藤文次郎が着ていた鼠色のモーニングコートの方で、彼はこのコートをわざわざ借りて洋服屋へ行き、同じものを注文するほど気に入ってしまった。そしてやがて彼は一八九六（明治二十九）年台湾へ植物採集に行った時、地質調査をしていた小藤文次郎と再会することになるのである。

ところでこの『格致雑誌』は、その難しそうな名前にもかかわらず、また回覧雑誌であるにもかかわらず、残念ながら三号で潰れることはなかった。そこで不幸にも牧野富太郎は、この雑誌の本格的な出版を考えるようにまでなった。その後、彼は東京へ行く度に、この雑誌の出版のことを計画するようになり、来たるべき出版を記念する「格致の弁」という文章まで、文学士の有賀長雄に書いてもらった。しかしこの雑誌は、余りに急ぎ過ぎた。雑誌の内容が、計画に追いつかなかった。牧野富太郎だけが、張り切っていた。四号か五号しかまだ出来ていない回覧雑誌を、なぜ牧野富太郎がちゃんと出版したがったかは、冷静に考えてみれば理解に苦しむところであるが、本に関することでは牧野富太郎は冷静になれなかった。

そして結果として、彼の熱狂ぶりがこの雑誌を潰すことになった。最初に集まった人々も次第に抜け、牧野富太郎も東京にばかり居るようになると、雑誌そのものの存続が危機に瀕したのも当然であった。結局、『格致雑誌』が出版されることはなかったのである。極めて楽天的な意図で依頼された「格致の弁」も、『格致雑誌』に載ることはなかった。『格致雑誌』そのものが、五号でなくなってしまったのであった。『格致雑誌』は『博物叢談』より大きな影響力をもつことは出来たが、牧野富太郎が目指していたものとはほど遠いものであった。しかし『格致雑誌』は、潰れることによって牧野富太郎に有益な教訓を与えた。そして以後、牧野富太郎がいつまでも存続して大きな影響力をもつ雑誌を作ることが出来るようになったのも、『格致雑誌』が潰れたおかげだとさえ言うことが出来るのである。

一方、この頃牧野富太郎は、将来植物学者になる意志を明確に記した手記を書いた。この「赭鞭《しやべん》一撻《いつたつ》」という手記こそ、牧野富太郎の本質を知る上で、『格致雑誌』よりもはるかに重要な資料である。なぜなら、この手記こそ真の意味での牧野富太郎の処女作であり、その後の彼の総てがあるからである。あれほどの業績を残すことの出来た彼の植物学の研究方法の鍵が、ここにあるからである。しかも若者らしい熱意と率直さとが、あふれている。そもそも赭鞭という漢語からして、いかにも若い牧野富太郎らしい。この名は越中富山藩主の前田利保が作った植物同好会である「赭鞭会」に由来しているようだが、この耳慣れない名のために多くの人々の関心を引かなかったのではないかと思うと、残念な気もしてくる。もし牧野富太郎がもっと経験を積んだのならば、教養というものは漢語の知識や難解な言葉などというものとは本来無縁なものであることがわかったであろう。しかし題名も内容も余り読み易いものではないが、この「赭鞭一撻　結網子　稿」という手記を読むことは、牧野富太郎の人間性を知る上で欠かすことが出来ないことなのである。

この手記には十五の言葉が並び、その各々の言葉に説明が付いているが、この言葉こそ牧野富太郎の精髄であり、植物学に限らずあらゆる分野においても、通用することなのである。これらは、「忍耐ヲ要ス」、「精密ヲ要ス」、「草木ノ博覧ヲ要ス」、「書籍ノ博覧ヲ要ス」、「植学ニ関係アル学科ハ皆学ブヲ要ス」、「洋書ヲ講ズルヲ要ス」、「当ニ画図ヲ引クヲ学ブベシ」、「宜シク師ヲ要スベシ」、「吝財者ハ植学者タルヲ得ズ」、「跋渉ノ労ヲ厭フ勿レ」、「植物園ヲ有スルヲ要ス」、「博ク交ヲ同志ニ結ブ可シ」、「邇言ヲ察スルヲ要ス」、「書ヲ家トセズシテ友トスベシ」、「造物主アルヲ信ズル毋《なか》レ」というもので、いずれも牧野富太郎が生涯を通して身をもって示してきたものばかりである。忍耐という言葉を一番最初に挙げたのは、彼がこの言葉の重要性を認識しているのと同時に、好きだったからでもあろう。また学問に関して吝財者つまり吝嗇家になるまいとしたために、牧野富太郎に莫大な借金が生ずることにもなるのだが、これは経済的に豊かな少年時代を過ごした彼が真の意味で貧乏の恐ろしさを知らなかったためだろう。そしてこの貧乏の恐ろしさこそ、牧野富太郎が生涯を通しても遂に理解出来なかったことの一つなのであった。また最後の言葉は彼の自然観や生命観を示しているというよりは、研究態度を示しているものに過ぎない。つまり自然の神秘をすぐ神の仕事としないで、その仕組を研究する必要があるというのである。牧野富太郎自身、植物にはもちろんあらゆる生物に対して博愛心、慈悲心、相愛心をもった極めて宗教的な人間であり、講演でもそのことを強調しているからである。

この手記に見られるような牧野富太郎の決意にもかかわらず、彼の生活は全く異なった方向へ進もうとしていた。牧野富太郎の周囲の人々は、彼が当然岸屋を嗣ぐものと考えていた。番頭の井上和之助のおかげで、酒造業も順調に進んでいた。植物学のことも、多少金がかかるようだが、やがて岸屋の経営者となる人の道楽の一つとして皆も大目に見ていた。他の若者が酒や恋愛にうつつを抜かして物笑いの種となっていることに比べれば、植物学に熱中していてくれた方が世間体も良かった。以前よりは彼が岸屋の店先に居ることも多くなった。岸屋の未来は明るかった。やがて牧野富太郎は、師範学校を卒業した従妹の牧野猶と結婚するようになることだろう。そして今は人に貸してある酒造場を返してもらい、直接経営するようになることだろう。そして、岸屋はもっと栄えていくことだろう。

しかし牧野富太郎の気持ちは、違ったものであった。彼は、自分が岸屋を経営してはならないことを知っていた。自分のすることは、このような経営ではないことを知っていた。だがこのままでは、やがて自分が平凡な酒造業の経営者になってしまうことも知っていた。彼は自分の気持ちを、はっきり表明しなければならないと思った。植物学こそ、これからの自分の本来の仕事であり、今までもそうであったことをちゃんと宣言すべきだった。『土佐植物目録』ももうすぐ出来上がる筈だった。彼は自分の人生は自分で切り開かなければ気が済まなかった。そして彼は自分の決心を、今まで自分を許し続けてきてくれた祖母に話すことにした。これは当時の彼に出来た最良の解決法だった。

祖母はいつもそうであるように、今度も牧野富太郎の希望をかなえた。彼が酒造業の経営をしないということも、東京へ出て植物学の研究をしたいということも承知した。これは祖母の今までの楽しみも、これからの楽しみも、すべてを打ち砕くものであったが、彼女はおそらく彼女自身よりも牧野富太郎の方を愛していたが故に、彼女の希望よりも彼の希望の方を優先させたのである。それに牧野富太郎の意志の前では、彼女が反対しても結局は彼女の思い通りにはならなかったことだろう。今日から見れば、彼女が岸屋の将来の繁栄を諦め、牧野富太郎に植物学を勉強するようにさせたことは当然であり、賢明なことであることははっきりしているが、それにしても彼女の勇気と決断は大いに評価すべきであろう。彼女の素晴らしさは、牧野富太郎の植物学への熱意に劣らないものがあった。牧野富太郎の生涯は、彼の熱意の他には彼の祖母とやがて彼の二番目の妻となる女性との、二人の女性によって支えられているが、祖母の犠牲がこの時ほど大きなことはなかった。そして牧野富太郎も、このことは十分に承知していた。

しかし一八八四（明治十七）年七月、佐川から東京の学校へ入学する二人の友人と一緒に再び東京へ向かった時、彼の心の中は明るい希望で一杯だった。もし彼が祖母のために涙を流したとしても、その涙は完全に乾いていた。彼の涙は祖母の涙よりもはるかに早く乾いてしまったのである。

第六章　東京で学ぶ

　当時、神田一ツ橋にあった東京大学には、法理文三学部のある白い本館と植物学教室のある別館とがあった。ある日、この植物学教室に紹介状を持った一人の青年が訪ねて来た。この青年は情熱的だった。そして大変なことを言い出した。彼は、まだ知られていない多くの日本の植物を研究し、新種としての学名を決定して、日本植物誌を作りたいと話したのである。それまでは、フランシェとサヴァチエ共著の『日本植物目録』、飯沼慾斎の『草木図説』、岩崎灌園《かんえん》の『本草図譜』、田中芳男と小野職愨の校訂による『新訂草木図説』などが日本の植物を研究するための主な参考書で、これらの本を使って外国の学者に判定された植物に、日本の植物を当てはめようということばかりが行なわれていた。このような頼りない方法では、日本の植物学に明るい見通しはないと主張するのである。このような自信過剰とさえ思えるような青年の話を、気の毒そうに聞いていたのは、教授の矢田部良吉と助手の松村任三《じんぞう》と御用掛の大久保三郎であった。矢田部良吉は教授らしい一応の寛大さを見せて、わざわざ高知県から出て来たというこの哀れな青年を暖かく迎えた。こうして牧野富太郎と矢田部良吉との本格的な関係が始まったのである。

矢田部良吉（一八五一―九九）は極めて個性的な男だった。彼は伊豆韮山《にらやま》で生まれ、中浜万次郎や大鳥圭介について英学を修めてから、一八六九（明治二）年開成学校教授補となり、後に大学少助教、中助教と任ぜられ、一八七二年コーネル大学に官費留学生として入学した。そこで植物学を専攻し、一八七六年帰国すると、東京開成学校教授、東京大学植物学教授を勤めたのである。その後、教育博物館館長、帝国大学理科大学校教頭、東京盲唖学校校長、東京高等女学校校長などにもなりながら、一八九一（明治二十四）年に帝国大学を辞職に追い込まれてしまった。しかし、一八九八（明治三十一）年には東京高等師範学校校長という地位に輝かしい復活を遂げたのだった。この簡単な経歴や、さらに新体詩やローマ字普及における活躍ぶりにも見られる彼の個性の強さは、晩年に至るまで十分に発揮された。矢田部良吉は、牧野富太郎にとって生涯忘れ得ぬ人の一人となるのだが、牧野富太郎の彼に関する率直な印象については『自叙伝』の中に次のように記されている。

大学教授を罷職にされた矢田部良吉先生は、木から落ちた猿も同然で、憤慨してもどうにも仕方なかった。私は学問上の競争対手《あいて》としての矢田部教授を失ったわけである。

矢田部先生罷職の遠因は、色々伝えられているが、先生は前に森有礼に伴われ外遊した事もあり、中々の西洋かぶれで、鹿鳴館にダンスに熱中したり、先生が兼職で校長をしていた一橋の高等女学校で教え子を妻君に迎えたり、『国の基』という雑誌に「良人を選ぶには、よろしく理学士か、教育者でなければいかん」と書いて物議を醸したりした。当時の『毎日新聞』には矢田部先生をモデルとした小説が連載され、図まで入っていた。

牧野富太郎が矢田部良吉に関する逸話でいつまでも忘れることの出来なかったものに、破門草事件というものがあった。それは矢田部良吉が戸隠山で採集したトガクシショウマという草に、学名を付けてもらおうとしてロシアの植物学者マキシモヴィッチへ送ったところ、マキシモヴィッチは新種としてヤタベア・ジャポニカという学名を付け、もう少し材料が必要なのでトガクシショウマを送るようにという手紙を書いてきたことが発端となった。日本最初の理学博士伊藤圭介の孫である伊藤篤太郎はこの話を大久保三郎から聞くと、三カ月後イギリスの植物学雑誌『ジャーナル・オブ・ボタニイ』に、この草のことをランザニア・ジャポニカという学名を付けて公表してしまったのだった。当時教室へ出入りを許されていた伊藤篤太郎にしてみれば、矢田部良吉より先にこの植物のことは知っていたし、しかもマキシモヴィッチがポドフィルム・ジャポニクムという名を付けてロシアの雑誌に既に書いたこともあったため、愚かにも矢田部良吉を無視してかまわないという独自の判断を下したのかもしれない。当然のことながら伊藤篤太郎の行為は矢田部良吉と大久保三郎の激怒をもって迎えられ、その結果として伊藤篤太郎は植物学教室への出入りを禁じられてしまったのであった。そのためトガクシショウマは破門草とも呼ばれるようになった。そしてやがて牧野富太郎にとっても、この伊藤篤太郎の運命を他人の事と考えてはいられない時がやって来るのである。

当時助手だった松村任三は、最初東京開成学校で法律学を修めたが、一八七七（明治十）年五月から小石川植物園に勤務し、矢田部良吉に師事して植物学を学ぶようになり、一八八一年東京大学御用掛、一八八二年植物学教場補助となっていたのであった。その後、彼は一八九〇年帝国大学付属小石川植物園園長に任ぜられ、さらに東京帝国大学植物学教授ともなっていくのである。矢田部良吉と松村任三とは、牧野富太郎を感激させた。彼らは牧野富太郎の植物学に対する情熱を理解してくれただけでなく、彼らとして出来る限りの便宜をはかってくれた。彼らは植物学教室への出入りの自由を許した。教室にある二千種以上にもなる腊葉標本も、充実した図書や器具も、使用してよいことになった。それ以後の植物学教室では、いつも熱心に文献を調べている牧野富太郎の姿が見られるようになった。牧野富太郎の植物に関する博識ぶりには無視出来ないものがあった。こうして牧野富太郎は、この植物学教室で重要な存在となっていった。そして、矢田部良吉と松村任三とは、やがて誰よりも牧野富太郎を憎むようになっていった。

当時の牧野富太郎が東京で下宿していた場所は飯田町（今の飯田橋駅付近）にあった。下宿代は月四円であったが、彼はそこを「狸の巣」と言われるほど、植物や泥や新聞紙で一杯にした。この狸の巣には、松村任三や進化論の紹介などをした動物学の石川千代松、また学生では池野成一郎などがよくやって来た。植物学教室の学生では後に植物生理学の教授となった三好学や日本の海藻を研究した岡村金太郎らとも付き合うようになった。牧野富太郎は、人付き合いが悪いと言われていた三好学とも、三好学とよく喧嘩をしていた岡村金太郎とも仲が好かった。しかし、彼が最も心を許し、最も親しく付き合った人は池野成一郎だった。

池野成一郎（一八六六―一九四三）は江戸駿河台に生まれ、一八七八（明治十一）年東京外国語学校フランス語科へ入り、一八八二年私立共立学校へ入学してからは、明治英語学校、東京帝国大学予備門へと転校を続け、やがて東京帝国大学理科大学生物学科へたった一人の学生として入学した。その後、一八九〇年理科大学植物学科を卒業すると、農科大学の植物学教室嘱託、助教授、そしてドイツ、フランスへ留学して教授、さらに、東京帝国大学名誉教授となってゆくが、彼の名を最も有名にしたのは一八九六（明治二十九）年に初めて裸子植物に運動性の精子があることを示したソテツの精子の発見であった。また彼は遺伝学と共に、矢田部良吉のようにローマ字の普及につとめた人でもある。

牧野富太郎と池野成一郎との友情は、互いに深い親しみを感じて、それを牧野富太郎が特記するほどのものであった。大学を卒業してからも「牧野君がいるからそれで行くのだ」と言って植物学教室へ時々顔を見せていた池野成一郎は、狸の巣へ来た時もすぐ上衣を脱ぎ、両足を床柱へもたせ、頭を下にするという無遠慮な姿勢をとったものだった。二人でドウランという栗饅頭のような菓子も食べた。後に牧野富太郎が苦しい時代を迎える時、彼を最も助けたのも池野成一郎であった。そして英語やフランス語やラテン語を一応読めても自分の書いた英文をいつも池野成一郎に直してもらっていた牧野富太郎は、池野成一郎のフランス語や英語に対する才能を尊敬の念と共に忘れなかった。しかし、彼が最も忘れなかったものこそ、池野成一郎との友情の深さなのであった。

第七章　二つの故郷

その頃の牧野富太郎には、二つの故郷があった。佐川と狸の巣である。彼は狸の巣でも多くの仕事があったが、佐川でもやはり彼の仕事は残されていた。それは牧野家の一人息子としての仕事であり、植物学者としての仕事であった。特に牧野家の一人息子としての仕事は、彼でなくては出来ない仕事だった。そのため、東京と佐川との間をしばしば往復することになったのである。

佐川での牧野富太郎は、東京での牧野富太郎と大いに異なる点があるのではないかと思わせることが多い。東京では一流の植物学者たちと、少なくとも表面上は知識の点で対等に話し、自信にあふれ、自分自身の手で自分の運命を切り開いていくように見えるのに、佐川では彼の自信も意志の力も遠慮がちになった。自分が植物学者になりたいという本当の希望を祖母に打ち明けるのに、じれったいほどの長い時間がかけられたのと同様、彼の行動の総てに優柔不断の影がさしている。植物学者としての牧野富太郎を、牧野家の一人息子としての牧野富太郎が邪魔をするのである。本来の牧野富太郎を、偽の牧野富太郎が邪魔をするのであった。佐川へ帰った牧野富太郎において、牧野家の一人息子としての彼が、植物学者としての彼に完全な勝利を得たことが一度ある。それは祖母の強い希望で、従妹の牧野猶と結婚したことであった。彼女は師範学校も卒業していたし、岸屋をよく手伝いに来てもいた。従って、牧野富太郎と牧野猶との結婚は、佐川の人々にとって、おそらく当然のこととして受け取られたことだったのである。

しかし、ここにこの結婚を、当然とは考えない人が一人いた。それは、他でもない、牧野富太郎自身であった。彼は二度目の妻については多くの文章を書き、多くの感謝の念を示しているにもかかわらず、最初の妻についてはは不自然なほど、何の意見も残していない。これはいかにも牧野富太郎らしくないことであり、東京での牧野富太郎と佐川での牧野富太郎との違いを示す証拠の一つともなることであろう。牧野富太郎にとって、牧野猶は彼を佐川と岸屋に縛り付けておく錨となり鎖となった。牧野猶との結婚は、最終的に彼が植物学者となることを許さないものであった。というのもこの結婚は、彼が岸屋を嗣ぐことにより真の意味で完結するものだからである。この結婚の成立は、岸屋の繁栄と牧野家の安定と祖母の悲願とにつながっていた。しかし植物学の研究へだけはつながっていなかったのである。

　この結婚に関して不思議なのは、この結婚が成立したことではなく、牧野富太郎が同意したことである。彼女は、牧野富太郎好みの女性ではなかった。おそらくこの時は、他の人々の意志を尊重し、他の人々を幸福にしてあげたいと思う彼の、生涯にわたってもち続けた過剰なサービス精神がここでも発揮されたのであろう。だが彼のこの精一杯の善意は、誤ったものであった。なぜならこの結婚で不幸になったのは彼だけではなかったからである。彼も、牧野猶も、そして回りの人々も不幸になっていった。彼は他人から押し付けられた運命に甘んじることだけは、どうしても我慢出来なかった。彼は、植物学でもそうであったように、自分の力で切り開き、自分の力で勝ち取ったものでなければ満足出来ないのであった。

　しかし一度、間違いであることに気付くと、本来の牧野富太郎に戻った。もはや誰にも、彼の意志と行動とを、阻止することは出来ないのである。彼は、一刻も早くこの結婚を解消しなければならないと決断した。牧野猶には、彼を植物学から切り離すだけの力はなかった。そのため、彼女の方が切り離されることになった。かくて牧野富太郎は、最初の結婚の後、数年を経ないうちに離婚することになった。二人は余りに違い過ぎた。そしてこの離婚は、牧野富太郎が、岸屋より植物学を、佐川より東京を選ぶことになる明確な意思表示ともなったのである。

さらに一八八七（明治二十）年五月には、牧野富太郎にとって唯一の真の味方であった祖母の死まで受け止めなければならなくなった。祖母を失った打撃は大きかったが、逆に彼を佐川へ引き止めていた最大の理由まで失うことにもなった。こうして牧野富太郎が東京へ本格的に出て行くことを止めるものは、一つもなくなったのである。

しかし学問や教育のことに関しては、佐川でも東京の牧野富太郎に見られたような極端な熱心さが見られた。『土佐植物目録』を一層充実したものとするため、植物愛好家の友人たちと採集旅行に出かけた。胴乱を肩にかけ、膝までの短い着物を着て、白い帯を締めて下駄をはいた採集姿の牧野富太郎が、高知県の至る所で見られるようになった。また、かつて佐川小学校の授業生をしていた時に見られたような、教育への関心にも一段と熱心さが増していった。かつて小学校で教えていた時、そこにはオルガンもなければ、オルガンを弾ける人もいなかった。そこで彼は師範学校の学生たちから、オルガンの弾き方を勉強した。やがて牧野富太郎は、オルガンが弾けるようになり、音楽に対する興味も深まったが、佐川小学校には相変わらずオルガンがなかった。彼は高知県に、ちゃんとした音楽を広めなければならないと考えた。それは一種の使命感のようなものにさえなった。牧野富太郎の敏速で決定的な行動が開始された。彼はかなりの金を出して、ドイツからオルガンを買い、自分の家へ持ち込んだ。この思い切った行動とオルガンとは、たちまち近所の評判になった。牧野家には音を出す簞笥《たんす》のようなものがあるという噂が広まり、大勢の人が見物に来た。一八八六（明治十九）年、彼はこのオルガンを佐川小学校へ寄付し、興味のある人を集めて弾奏法を教えた。この頃の牧野富太郎は、まだオルガンを弾いて満足する程度にしか音楽に熱中していなかったが、それはやがて「高知西洋音楽会」を主宰するまでに大きく発展してゆくことになるのであった。

弾奏法を教えていた時に使用されたオルガンはもちろんのこと、その時のランプや石油まで自分で提供した彼の気前の良さは、後でさらに発揮されることになった。一八八八年に発足した「佐川理学会」での牧野富太郎の活躍ぶりは、個人の啓蒙活動という範囲を完全に越えていた。この会は、科学知識の普及を目的としたもので、約四十名ほどの科学知識に飢えた青少年に様々な理科の実験や観察をさせていたが、そこでの牧野富太郎はこの会で行なわれる内容を考えたばかりか、会で使用される実験用具や参考書のための費用まで出した。さらに佐川小学校での、貧弱な授業や実験設備にも許しがたいものを感じ、実験器具や本を新しく買い与えたり、佐川理学会から提供したりした。また満足な世界地図がないことを知ると、自分で世界地図の原図を描くことまで行ない、授業を充実させるためのいかなる助言や助力をも惜しまなかった。佐川での理科の水準は、牧野富太郎によって飛躍的に引き上げられた。彼が東京に長く居るようになると、この佐川理学会は次第に消滅してしまうのだが、それでも牧野富太郎の影響はすぐ消えてしまうようなことはなかったのである。佐川理学会がなくなっても、牧野富太郎から理科の面白さを教えられ、そのことを楽しい思い出の一つとしていつまでも忘れなかった人はたくさん居たからである。しかし牧野富太郎には、佐川の理科の水準を高めるよりも、もっと重要なことがあった。まず何よりも日本の植物学の水準を、高めなければならなかった。そしてそのために、彼の気前の良さと情熱と理想主義とは、佐川でよりは東京において一層徹底することになった。佐川での活動は、植物学に関する東京を中心とした全国的な彼の活動に比べれば、問題にならないほど小さかった。それでも佐川にとっては、大き過ぎた。しかし、これからの牧野富太郎の活動は日本中に及ぶ大きなものとなるのである。それは余りに大きな活動であるため、佐川を越え、離婚や祖母の死という不幸をも越えて、さらに大きく広がって行くのであった。

第八章　『植物学雑誌』の創刊

　東京へ戻った牧野富太郎は、相変わらず狸の巣で生活をしていた。そこへよく訪ねて来る二人の帝国大学植物学教室の選科の学生が居た。筆を持つのが好きだと言われた染谷徳五郎と、千住大橋の酒店の息子の市川延次郎である。誰とでも仲好くできる牧野富太郎は、彼らと一緒にしばしばすき焼きを食べることがあった。そのような時に、三人で植物学の雑誌を刊行しようという話が出てきた。おそらく一番熱心だったのは牧野富太郎だったことだろう。彼は『博物叢談』や『格致雑誌』よりも、もっと決定的な雑誌を作りたかった。今度作られる筈の雑誌は、前の二つの雑誌よりはるかに条件が恵まれていた。牧野富太郎一人が半紙に書いて、仲間で回覧するというようなことには、絶対にならなかった。執筆者も編集者も意欲にあふれていたし、苦心して書く価値があるだけの読者も揃っていた。また持続さえすれば、かなりの影響力のある雑誌にもなりそうだった。これこそ牧野富太郎が望んでいた雑誌であった。そして日本の植物学者たちも望んでいた雑誌であった。

早速教授の矢田部良吉の了解を得ることにした。矢田部良吉はこの雑誌の刊行に賛成したばかりか、東京植物学会の機関誌にしたいという意見まで述べた。松村任三は一八八五（明治十八）年からドイツへ留学して居なかったので、矢田部良吉の了解はそのまま植物学教室の了解ともなった。一八八六年に東京帝国大学理科大学植物学科を卒業した白井光太郎は、この雑誌の持続に関して悲観的な意見を表明したが、牧野富太郎は気にかけなかった。過去の二つの雑誌で挫折を経験している牧野富太郎は、以前の轍を踏まないだけの自信があった。それに今度の雑誌は、彼の半紙の雑誌とは比較にならないくらいに立派だった。永遠に消えることのない活字で印刷されたこの雑誌は、それだけで無限に続く存在を主張しているようだった。こうして一八八七年二月十五日、『植物学雑誌』が東京植物学会の機関誌として創刊された。

この記念すべき創刊号の表紙には、次のような記念すべき内容が印刷されていた。即ち、

本会略史　　大久保三郎
日本産ひるむしろ属（図入）　　牧野富太郎

苔蘚発生実験記（図入）　白井光太郎
白花ノみそがはさうト猫ノ関係　沢田駒太郎
花ト蝶トノ関係（図入）　染谷徳五郎
すつぽんたけノ生長（図入）　田中延次郎
まめづたらん（図入）　大久保三郎
採植物於駒岳記（図入）　三好　学

というものであった（田中延次郎は、市川延次郎が名前を変えたものである）。この内容を見ても、この創刊号の素晴らしさが良くわかるだろう。これは『植物学雑誌』の創刊号にふさわしい内容だった。これからの日本の植物学の研究者達が次々と論文を発表してゆく雑誌として、ふさわしい出来映えであった。これは牧野富太郎の植物学への情熱が、具体化した最初の例であった。そしてそのために『植物学雑誌』は現在まで持続することができ、また日本の植物学界を代表する雑誌ともなることが出来たのであった。この雑誌を作ることによって自分の研究発表の場を作ろうとした牧野富太郎の理想が、現実となったのであった。『植物学雑誌』が創刊されて間もなく『動物学雑誌』も創刊されたが、この二つの雑誌について牧野富太郎が「思うに、『植物学雑誌』は武士であり、『動物学雑誌』の方は町人であったと思う。というわけは『植物学雑誌』の方は文章も雅文体で、精錬されていたが、『動物学雑誌』の方は文章も幼稚で、はるかに下手であったからである」と述べているのも無理はないだろう。『動物学雑誌』に対する牧野富太郎の独断的で抽象的な批判よりは、『植物学雑誌』に関する彼の盲目的な愛情の方こそを評価すべきであろう。そして東京での牧野富太郎の生活は、『植物学雑誌』に載せる論文を書くことでほとんどが費やされることになった。それは牧野富太郎が、創刊号の自分の論文の図版を、自分で製版印刷したことからも窺えるだろう。校正刷りで活字の様子を一字一字虫めがねで点検し、インクの色や字の角度や点の位置に至るまで、いちいち注文を付けて印刷所を嘆かせた牧野富太郎らしい独特の徹底ぶりも、この頃から既に見られたことだろう。牧野富太郎が日本人として初めて学名を付けたヤマトグサについて発表したのも、この『植物学雑誌』であった。彼は大久保三郎と共に、一八八七年の『植物学雑誌』第一巻第九号にヤマトグサの図を載せ、一八八九年二月の『植物学雑誌』第三巻第二三号に、欧文の記載も付けたヤマトグサの学名を公表したのである。それからは、矢田部良吉や松村任三や三好学らも日本の植物に学名を付けるようになり、日本の植物学が外国の植物学の顔色を窺うようなことも次第になくなっていった。かくて『植物学雑誌』は、牧野富太郎自身が以前から強く望んでいたように、日本の植物学の独立宣言ともなっていったのである。

だが、『植物学雑誌』を日本の植物学の独立宣言と見なした場合、それは余りにも弱々し過ぎた。宣言をするのであるのならば、それはもっと力強く、もっと明確で、もっと断固たるものでなければならなかった。そしてそのことを最も痛感していたのも、牧野富太郎であった。日本の植物学が、自分の力で自分の道を歩み始めるためには、どうしても日本の植物誌が作られなければならなかった。日本の植物誌は、日本の植物学が自然科学の一分野として成立してゆくために、どうしても必要なものであった。植物誌というのは、一つの地域の植物の種類を一つ残らず調べ、未確認の種類も確認して、そこでの植物の分布の仕方や植物相の様子を明確化し、分類学的にまとめたものである。つまりドイツでアドルフ・エングラー達が作ったような本を、日本でも作る必要があったのだ。そしてこのような重要で膨大な仕事ができる人物として、牧野富太郎自身、冷静に客観的に考えてみても、自分よりもふさわしい人物を思い付くことは出来なかった。しかしこの仕事は、牧野富太郎の情熱をもってしても、余りに大きな仕事であった。経済的な面についてだけ考えてみても、彼の自由になる金では不足する可能性が非常に大きかった。だが日本中で植物の採集旅行をすればするほど、牧野富太郎は日本植物誌の必要性を益々強く感じるのであった。

牧野富太郎の植物に関する情熱には、現実に応じて妥協するだけのしなやかさがあったが、それは肝心な時になると必ず発揮された。それだからこそ、彼は生涯を通して植物の研究を続けることが出来たし、また大きな業績をあげ続けることが出来たのであった。この時も、牧野富太郎は完璧な日本植物誌の作成に固執しないことにした。そこで図版の方だけでも先に作っていこうと考えた。植物の図なら以前佐川に居た時に、『土佐植物図録』という半紙に描いただけの貧弱な本を作ったことがあったので慣れていた。それに彼は「図の方が文章よりも早わかりがする」と考えてもいたのだった。こうして方針が定まると、何でも徹底しなければ気が済まない牧野富太郎は、自分で石版印刷の技術を習得することにした。大切な植物の図を、とても他人に任せることはできなかったし、それに経済的にも非常に助かるからだった。

そこで早速牧野富太郎は神田錦町にある、太田義二が経営する印刷所を訪ねた。幸い太田義二は、印刷物の発注ではなく印刷技術を教えて欲しいという牧野富太郎の奇妙な注文にも、応じるだけの気さくさを持ち合わせていた。かくて牧野富太郎は、理科大学の帰りに太田義二の印刷工場へ通って、石版印刷に必要な知識と技術とを、学ぶことが許された。それから約一年間、その印刷工場では生活費のためではなく、植物学のために働く牧野富太郎の姿が見られるようになったのであった。当時、東京で本格的な生活をするつもりのなかった牧野富太郎は、石版印刷の機械を一台買って佐川へ送っていた。印刷技術を習得したら、佐川で落ち着いて、植物の図を印刷していこうと考えていたのである。しかし、印刷だけを考えてみても、東京に比べて佐川は余りに不便過ぎた。そのため、牧野富太郎は東京に残って印刷を続けていくことにした。

彼は自分で植物の図を描き、自分で製版し、自分で印刷した。出来上がりは彼自身でも満足出来るものであった。植物の図もかなり描き、一冊の本としても十分なほどの数になった。そこでいよいよ出版することにした。だがこの出版には、些細な障害があった。出版社が見つからないのである。広い東京にも、日本植物誌のような売れない本を出そうという物好きな出版社はなかった。牧野富太郎はこの本を出版するということが、いかに意義があり、いかに重要なことなのかということについて、心から説得してみたが、その価値を認める出版社はなかった。だが出版社に断られたぐらいのことで、牧野富太郎は挫折しなかった。まだ自費出版という方法があったからである。本は、その本の価値を本当に知っている人が、自分で出版すべきものなのである。彼は、自分で描いた原図を日本橋区呉服橋町の刷版社で石版印刷にすると、神保町にある敬業社から発行することにした。かくて一八八八（明治二十一）年十一月十二日、彼自身が「苦心の結晶」と認めた『日本植物志図篇』第一巻第一集が出版された。おそらくこの本の出版は、日本の生物学史上にいつまでも残る出来事であろう。この本によって、日本の植物学者たちも、牧野富太郎のことを単に植物が好きな風変わりな青年としてではなく、真の植物研究者として認め始める切っ掛けともなったからである。

この本は素晴らしい本だった。題名もいかめしかったし、英文のタイトルも立派だった。そして内容は、もっと素晴らしかった。植物の図は完璧だったし、二十六歳の青年がこのような本を出したという事実だけでも、人を驚かすのに十分だった。『日本植物志図篇』は、この本にふさわしい賞賛をもって迎えられた。少なくとも表面的には、田中芳男も、小野職愨も、矢田部良吉も、牧野富太郎のことを祝ってくれた。ロシアの植物学者マキシモヴィッチは牧野富太郎の図の正確さを絶賛し、理科大学の助教授になっていた松村任三は、「余ハ今日、只今、日本帝国内ニ、本邦植物志図篇ヲ著スベキ人ハ、牧野富太郎一人アルノミト信ズ」という文を『植物学雑誌』に発表した。もはや誰も牧野富太郎の植物学者としての実力を、疑ってはいなかった。以後、この『日本植物志図篇』は第二集、第三集と次々に刊行されていった。本来、『日本植物志図篇』は、完全な日本植物誌が完成するまで刊行され続けていく筈であった。日本の植物学者たちは、牧野富太郎を助け励ましながら、この本の刊行を暖かく見守ってくれる筈であった。そして牧野富太郎は、日本で最も偉大な植物学者になる筈であった。もし『日本植物志図篇』の刊行が続いたのならば、そしてもし日本の植物誌が完璧なものとなっていたのならば。

一八九〇（明治二十三）年は幸運と不幸とが、慌ただしく牧野富太郎を訪れた年であった。そのために、この年は彼の生涯の間で最も思い出深い年ともなったのである。しばしば幸運は不幸よりも足が速いものであるが、それは牧野富太郎においても例外ではなかった。この年に、先に彼を迎えてくれたのは幸運の方だったのである。

明治二十三年五月十一日付の牧野富太郎の採集記には、江戸川の堤防内の用水池に奇妙な水草を見付けた時の、のどかな様子が記されている。それは「ハルゼミはもはやほとんど鳴き尽くしてどこを見ても、青葉若葉」の頃に、「ヤナギの実の標本を採らんがために」出かけた時のことであった。この時、牧野富太郎が用水池に浮かんでいるのを見付けた水草は、植物学教室へ持って帰っても誰も知らないものであった。たくさんの植物を採集してきた牧野富太郎にも、このような水草は初めてであった。日本の最高の植物学者たちが集まっているのに、わからない草があるということ自体、珍しいことであった。一八七五（明治八）年にチャールズ・ダーウィンの書いた『食虫植物』という本を矢田部良吉が持って来て、これがイシモチソウ科のアルドロヴァンダ・ベシクローサであることがやっとわかった。それと同時に、これが大変な発見であることもわかった。この植物は既にダーウィンやカスパリーらによって研究されていたものであったが、まだヨーロッパとインドとオーストラリアでしか見付かっていないものだったのである。ところがこの牧野富太郎の発見で日本にもあることがわかったのであった。さらに後には、黒竜江の一部や中国東北部、朝鮮でも見付かるのであるが、当時としては十分注目に値するものであった。しかもこの水草は、他の所では花が閉じたままであるのに、日本ではちゃんと花が咲くのである。牧野富太郎は、この花について詳細な写生図を描いたが、やがてこの写生図はアドルフ・エングラーが監修したドイツの世界的な植物分類の本に、牧野富太郎の名と共に載る運命にあった。この水草は牧野富太郎を世界的な名声にまで導いてくれたのである。牧野富太郎はこの水草にムジナモという和名を付け、『思い出すままに』の中で次のようなことを書いている。

このムジナモは緑色で、いっこうに根はなく、幾日となく水面近くに浮かんで横たわり、まことに奇態な姿を呈している水草である。一条の茎が中央にあって、その周囲に幾層の車輻状をなしてたくさんの葉がついているが、その冬葉には端に二枚貝状の嚢がついていて、水中の虫を捕え、これを消化して自家の養分にしているのである。ゆえに、根はまったく不用のゆえ、もとよりそれを備えていない。また、葉のさきには四、五本の鬚がある。

その頃、もう一つの幸運が、牧野富太郎を訪れる準備をしている最中であった。当時、牧野富太郎は、麴町三番町にあった若藤宗則という人の家の二階で間借りしていた。そこの家主が、彼と同郷だったからである。牧野富太郎は、そこから毎日人力車に乗って植物学教室へ通っていたが、この時いつも同じ道を通っていたことと、酒を飲まない代りに甘い菓子を食べることを好んだ彼の性質が、もう一つの幸運を招くことになった。というのも、いつも小沢という小さな菓子屋の前を通ることになったし、そこの店先に少なくとも牧野富太郎から見て美しいと感じた、若い女性が居ることに気付いたからである。これが牧野富太郎にとって二度目の妻となり、真の意味での妻となる女性との出会いであったが、今度はすべての事情が牧野猶の場合とは異なっていた。牧野猶の場合は環境が整い、回りの人々も皆認めていたのに、牧野富太郎だけに心の準備が出来ていなかった。しかし今度は、牧野富太郎の心の準備は出来ていたのに、回りの人々は誰も気が付かなかったのである。だが重要なことは、牧野富太郎の心の準備が、出来ていたということである。以前は彼自身が納得しなかったために、総てを台無しにしたが、今度は彼自身が納得しているが故に、総てをまとめてしまおうとしたのだった。

佐川に居た時はいつも祖母が助けてくれたように、この時も牧野富太郎を助けてくれる人が居た。そして彼はその人の存在を知っていた。牧野富太郎は迷うことなく、印刷技術を学んだ時に世話になった太田義二の所へ行って自分の気持ちを話した。今度も太田義二は、牧野富太郎の期待を裏切らなかった。すべてが牧野富太郎の思う通りに、進んだのであった。

すぐに太田義二は、牧野富太郎が知りたいことを調べてくれた。問題の娘の名は小沢寿衛《すえ》子《こ》といい、彼女の父は小沢一政という名で、かつては彦根藩主井伊家の家臣だったが、明治維新以後は陸軍の中でも大金が動く営繕部に勤めるようになったのだった。ただし、小沢寿衛子の母あいは、芸妓だったことがあり、その時に小沢一政と出会ったのである。その頃の小沢家は広大な屋敷を持ち、娘たちは唄や踊りを習い、佐川に居た牧野富太郎のように恵まれた生活を送っていた。ところが数年前に父が死んでからは、すべてが変わった。屋敷も豊かな生活も手放すことになり、かなりの借金をかかえたまま京都生まれの勝ち気な母が営む芸妓置屋や菓子屋で、貧乏な生活を送ることになったからだった。次女の小沢寿衛子にとって、この貧乏生活の体験は、後の牧野富太郎との結婚生活で非常に役に立ったにちがいない。破滅的とさえ思える牧野富太郎の貧乏生活の中で、生き抜いていった彼女の精神的基盤は、おそらくこの頃に作られたにちがいないからだ。

幸い小沢寿衛子は、甘い物がひどく好きな牧野富太郎のことはよく覚えていた。それに彼が単なる客以上の感情を持っていることにも、気付いていたにちがいない。彼女が太田義二から牧野富太郎の気持ちを聞き、彼のことを知った時、この結婚に反対する理由を思い付かなかった。だが彼の植物に対する情熱の激しさと経済に対する余りの無関心とがわかった時、おそらく将来に対する物質的期待は抱かなくなったことだろう。それほど彼女は、牧野富太郎という人間を理解していたにちがいない。牧野富太郎との生活には多くの苦労があるかもしれないが、それ以上に素晴らしいことがあることにも感付いていた。貧乏生活なら覚悟が出来ていたし、二人で貧乏な生活をすることは、一人で貧乏な生活をすることよりも金がかかる訳ではないことも知っていた。そしてこの彼女の楽天的とも言える素晴らしさは、牧野富太郎が彼女との結婚生活を通してさえも知り尽くすことが出来なかったにちがいない。

一八八八（明治二十一）年秋、二十六歳の牧野富太郎は、十八歳の小沢寿衛子と結婚した。

ただこの結婚は、二人の純粋な愛の結合というには、複雑過ぎた。結婚式は極めて内輪のものであったが、最初から新婦側の縁者は出席しなかった。二人は、ただ結婚出来れば良かったのである。大原富枝の未完の『草を褥《しとね》に——小説牧野富太郎』中には、小沢寿衛子の戸籍の一点に差し支えがあることから「この結婚のいきさつには確かに秘密にされている事情があって、将来、長い間にわたって富太郎を悩ませることになった」という文があることからもわかるように、経済的にしろ、身分的にしろ、白日の下に曝せない事情があったのである。小沢寿衛子は、かなりの覚悟をして牧野富太郎と結婚したことだろうし、彼女の生涯にわたる牧野富太郎への献身ぶりの原点も、この結婚の時の事情にあったのだった。とにかく、十月には根岸の御院殿跡にあった村岡という人の離れ屋で、この夫婦の姿が見られるようになった。少なくともこれは前の結婚に比べれば、牧野富太郎にとって良い結婚であり、楽しい結婚であった。新妻の幼さと品の悪さに悩まされながらも、牧野富太郎が自分の力で切り開き、自分の力で手に入れた結婚だった。彼は満足だった。彼は幸福だった。だが、彼は知っていただろうか。幸福の後に来るものは常に不幸であるということを。

第九章　研究室からの追放

怒りを歌え、歌の女神《ムウサ》よ、牧野富太郎の怒りを。限りない苦しみを牧野富太郎にもたらし、植物に対する情熱を益々激しいものにさせた、あの怒りを。〃植物の精〃牧野富太郎と、神のごとき矢田部良吉とが言い争った仲たがいの、そもそもの始めから、歌いたまえ。

ホメロスの言葉を借りるまでもなく、それは全く突然にやって来た。『日本植物志図篇』を第六集まで順調に刊行し続けていた牧野富太郎が、ある日のこと植物学教室へやって来ると、突然教授の矢田部良吉が彼に向かってこう宣言したのである。今度この植物学教室でも、『日本植物志図篇』のような本を作ることにしたから、牧野富太郎が大学の書物や標本を見ることは困ると。この一方的な矢田部良吉の宣言は牧野富太郎には、納得がいかないものであった。初めて植物学教室へ来た時、牧野富太郎を暖かく迎えてくれた面影は、その時の矢田部良吉には全く見られなかった。虚脱状態となった牧野富太郎は、余りにひどい矢田部良吉の仕打ちが、心の底から信じられないでいた。そこでその夜、麴町区富士見町にある矢田部良吉の家を訪ね、もう一度話を聞くことにした。牧野富太郎の聞き違いではなかった。矢田部良吉は、牧野富太郎に、はっきりと植物学教室への出入りを禁じたのである。また牧野富太郎に同情的だった松村任三も、この時は彼に対して無関心な態度をとり続けた。これは大学という組織が、牧野富太郎という個人に対して示した最初の明確な拒絶の意思表示であった。日本の植物学の世界では、植物に関する純粋な情熱など全く通用しないことを、はっきりと彼に示した最初の出来事であった。

この矢田部良吉の牧野富太郎に対する処置については、後に多くの意見や議論を生み出すことになった。当然のことながら、矢田部良吉の強い個性を考慮に入れた、牧野富太郎に同情的な意見が多かった。しかし一方では、牧野富太郎に批判的な意見も出て来たのである。植物学教室の立場も考えないで『日本植物志図篇』のような本を勝手に刊行したとか、教授としての矢田部良吉を余りにも認めないような生意気な態度で植物学教室の秩序を乱したとかいうものである。このような批判は、事実の点だけを取り上げるのならば、いかにも牧野富太郎らしいと思わせるものがある。彼は、常に他人を自分と対等に見ていた人間だからである。従って、彼は他人を見上げることもない代りに見下げることもなかった。そのため彼は、常に他人を見下げようとする人に会うと、激しい拒絶反応を示すのであった。牧野富太郎は、一人の人間として、矢田部良吉と付き合っていた。だが帝国大学の教授としての矢田部良吉を、一般の人と同じように扱ってよいものであろうか。矢田部良吉は、自分のことを教授として付き合ってもらいたかった。他人が自分のことを、人間としてよりも教授として扱うことを強く望んでいた。彼は個人よりも身分を重んじていた封建的人間だった。そして、それが矢田部良吉であった。だからこそいつか必ず矢田部良吉は、牧野富太郎を植物学教室から追い出さなければならない運命だったのである。

矢田部良吉にもっと同情的な意見としては、牧野富太郎が大学の図書を大量に持ち出したまま返してくれないので、植物学教室の研究にも差し支えるようになり、やむを得ず牧野富太郎に出入りを禁止しなければならなかったというものもある。この意見は、図書館を嫌う牧野富太郎の癖や、彼の本の収集ぶりを考えると全く根拠がない訳でもないだろうし、それなりの説得力もあるように思える。牧野富太郎が、余りに長期にわたって余りにたくさんの本を借り出し過ぎたことが、矢田部良吉の逆鱗に触れたのかもしれない。しかしここで公平を期するために、牧野富太郎の蔵書の整理委員長もした上村登の証言も紹介しておく必要があるだろう。彼は牧野植物園にある牧野富太郎の蔵書である牧野文庫を調べて、整理することになったが、その時東京大学名誉教授の前川文夫から牧野富太郎が東京大学の図書を大量に隠匿している可能性が非常に強いのでよく見ておくようにとの注意を受けたことがあった。そこで上村登は慎重に牧野文庫を調べたが、そのような本はほんの一、二冊しか見付からなかったということである。なお、現在これらの東京大学の図書は、牧野文庫から本来存在すべき位置に戻っているのはもちろんのことである。

今日から見れば、あらゆる意味で矢田部良吉が牧野富太郎を植物学教室から追い出したことはまずかった。それも非常にまずかった。多分矢田部良吉は牧野富太郎のことを見くびっていたのだろう。ベンジャミン・フランクリンは、「見くびってよい人間は一人も居ない」と言っているが、牧野富太郎のように誰とでも対等に付き合い「見くびってよい人間は一人も居ない」と心から信じている人間を見くびることほど、危険なことはないのである。もし矢田部良吉の牧野富太郎に対する嫉妬が原因だったのだとしたら、結果は逆効果であった。なぜなら、現在のところ業績の上でも名声の上でも、牧野富太郎が優位に立っているからである。とにかく矢田部良吉の処置は、最終的に牧野富太郎を英雄にすることに役立っただけだった。矢田部良吉が重んじた社会における影響の上でも、牧野富太郎への共感と同情を一層盛り上げただけであった。身分の上の者が身分の下の者を、特権によって迫害した場合、一般の人々が弱い者の方に味方するのは当然である。結局、牧野富太郎はこの時は負けたが、最終的には矢田部良吉に勝ったのであった。矢田部良吉はこの時には勝ったが、最終的には負けてしまったのである。というのも、今日一般の評価は矢田部良吉より牧野富太郎に、はるかに高い名声を与えているからである。

矢田部良吉の処置は、後になってから牧野富太郎への一般の同情を呼んだとはいえ、当時は牧野富太郎を絶望へ陥れただけだった。牧野富太郎にとって、もはや日本での植物研究の道は閉ざされたも同然であった。そこで彼は、外国へ行くことを考えた。外国の中ですぐ彼が思い付いた国はロシアであった。なぜなら、ロシアには植物学者のマキシモヴィッチが、居たからである。

カール・ヨハン・マキシモヴィッチ（一八二七―九一）はモスクワ近くのツーラで生まれ、父の跡を継いでドルパト大学で医学を修めた後、植物学者となって一八五二年サンクトペテルブルクにある帝室植物園腊葉《さくよう》係に任命され一八五三年二十六歳でロシアの学術探検隊に加わり、軍艦ディアナ号で世界旅行へ出かけるが、途中下船して、黒竜江や満州（現中国東北部）の植物を調べるようになった。一八六〇（万延元）年には箱館（現函館）に来て、そこで一年ほど植物を研究したこともあった。さらに牧野富太郎が生まれた頃の一八六一（文久元）年には、横浜を訪れ、一八六三年には長崎で一年間植物を調査採集した。そして一八六四（元治元）年、帰国し、一八七一年にはロシア科学アカデミー会員となった植物学者だったのである。そのため日本の植物研究者に与えた影響も大きく、田中芳男、矢田部良吉、松村任三、伊藤篤太郎らは皆、採集した標本の鑑定を受けていたのである。しかしマキシモヴィッチが送られて来る標本の中で、最も歓んだのは牧野富太郎のものであった。牧野富太郎は非常に珍しい標本を、よく送ったからである。マキシモヴィッチは、牧野富太郎への感謝の念を、自分が本を書いた時にその著書を植物学教室へ送る他、わざわざ牧野富太郎へ別に一冊送ることなどによって表わしていた。牧野富太郎は、このことを思い出した。それに牧野富太郎はかなりの標本を集めていたから、これを一緒に持って行けば、大いにマキシモヴィッチの役に立つ筈であった。ただ一つの難点は、牧野富太郎を直接ロシアのマキシモヴィッチに紹介してくれる人が居ないことであった。友人の池野成一郎はしきりに反対したが、牧野富太郎はすっかりロシアへ行くつもりになって、駿河台にあるニコライ堂を訪れた。彼はそこで教主に会い事情を話すと、すぐにマキシモヴィッチへ連絡することを承知してくれた。牧野富太郎は、完全に幸運から見放された訳ではないのだ。彼は将来に明るく楽しいものを、感じることができた。妻の寿衛子も、一緒にロシアへ行くと言ってくれた。彼は、もうロシアに居るような気分になった。これからは日本の牧野富太郎ではなく、ロシアの牧野富太郎、そして世界の牧野富太郎となってゆくのだ。来年はきっと良い年になるだろう。こうして牧野富太郎に様々な衝撃を与えた一八九〇（明治二十三）年は、暮れていった。そしてもっと悲惨な一八九一年が、やって来た。

この年は、ロシアからの不吉な手紙が牧野富太郎の所へ送られ、彼の希望を打ち砕くことから始まった。春になる頃ロシアからの手紙を待ち焦がれる牧野富太郎の手元に届いたものは、意外にもマキシモヴィッチ自身の手紙ではなく彼の令嬢が書いた手紙であった。不吉な予感を覚えながら封を開いた牧野富太郎が読んだ手紙は、非常に悪い内容であった。マキシモヴィッチがインフルエンザをこじらせて一八九一年二月十六日に死亡したというのである。マキシモヴィッチがロシアへ来たがっていることを知った時、既にマキシモヴィッチは病床にあったが、彼が来ることを喜び、また深い同情も示していた。そして共に東洋の植物を研究しようと計画まで立てていた。それがすべて終ってしまったのである。

牧野富太郎は、矢田部良吉から拒絶された時と同じような強い衝撃を受けた。今度の衝撃は、怒りを伴わないだけに一層苦しかった。牧野富太郎の落胆ぶりは、ロシア行きに反対していた池野成一郎が心配するほど激しいものであった。マキシモヴィッチの死により、牧野富太郎は日本から脱出することが完全に出来なくなってしまった。彼は外国へ行くことを、すっかり諦めてしまったのである。これ以後、彼は一切日本を離れようとしなくなるからであった。自分の手で積極的に運命を切り開き、世界を舞台に羽ばたこうとする努力を、すっかりやめてしまったからだった。彼は隠者のように日本に留まり、すべてを受け入れ、すべてを諦め、将来に何の期待もせず、希望も栄光も考えないで、単なる一人の植物学者としての人生を送る覚悟が出来たのであった。彼の弟子の中には、牧野富太郎について仙人のような風格のある人と断言する人も居るが、おそらくそのような雰囲気はこの頃から出来始めたものだろう。サマセット・モームも認めるように、人間はそうなりたいと思うものになれなくて、そうならねばならぬものになるからである。彼は日本に留まるというのが自分の運命ならば、その運命を認める決心が出来たのである。どのような過酷なものであっても、それが自分の運命ならば、それに逆らわずに従う決心が出来たのである。そしてそれは、賢明な決心であった。なぜなら彼が植物学者になることも、彼の運命だったからである。蓋し、フランソワ・ラブレーが言うように、運命は潮のごとく従う者を流してゆき、拒む者をも曳いてゆくのであった。

第十章　生家をたたむ

牧野富太郎は、矢田部良吉やマキシモヴィッチに頼ることは出来なくなってしまったが、社会的な影響力はなくても誠実で信頼出来る友人達がいた。このような友人達は、自然に、自発的に、牧野富太郎の側へ集まって来た人々で、彼がどのように困った時でも、離れていくようなことはないのであった。そしてこのような友人達がたくさん居たということが、牧野富太郎の人間性を表わすと共に、その後の牧野富太郎を作り上げてゆくことに、少なからぬ力があったのであった。この時、牧野富太郎を積極的に援助したのは、池野成一郎と、日本の細胞遺伝学の基礎を築き、減数分裂中の染色体の二重らせん構造を発見したことでも有名になり、やがて東京帝国大学教授ともなる藤井健次郎であった。彼らは牧野富太郎のために、駒場の農科大学の植物学教室で研究を続けることが出来るように準備した。このような場所が用意されたことを知ると、たちまち牧野富太郎は、未来が希望に満ちていると思った。

このような時でもすぐ立ち直る牧野富太郎の楽天主義については、『自叙伝』の中の文章を読んでもよくわかるだろう。

しかし、考えてみると、大学の矢田部教授と対抗して、大いに踏ん張って行くということは、謂わば横綱と褌担ぎとの取組みのようなもので、私にとっては名誉といわねばならぬ。先方は帝国大学教授理学博士矢田部良吉という歴とした人物であるが、私は無官の一書生に過ぎない。海南土佐の一男子として大いにわが意気を見すべしと、そこでは私は大いに奮発して、ドシドシこの出版をつづける事にし、今迄隔月位に出していたのを毎月出すことにした。

牧野富太郎は、農科大学へ移ってから活動が一層活発になった。『日本植物志図篇』は第六集まで隔月刊行だったのに、第七集からは毎月出るようにした。そして今まで明確になった新種植物に、学名を付けていった。このような植物は、彼が幼い時から高知県で採集し続けてきたものから選ばれたものが多いため、学名の分類学的概念の基準となる基準標本の産地として、土佐が挙げられている場合がたくさんあった。ムジナモの写生図が描かれたのも、この農科大学に居る時だった。『日本及日本人』を主宰した杉浦重剛は牧野富太郎に会い、矢田部良吉の話を聞くと、『亜細亜』という雑誌に矢田部良吉の著書よりも、牧野富太郎の『日本植物志図篇』の方が立派だという記事を載せてくれた。牧野富太郎は、矢田部良吉に自分を植物学教室から追い出したことがいかに間違ったことであるかということを、思い知らせてやろうと益々決意を固めた。このような事情について牧野富太郎は「博士と一介書生との取組み」と書いているが、正しくは「矢田部良吉と牧野富太郎との取組み」、もっと正しくは「牧野富太郎だけの取組み」とすべきであったかもしれない。おそらく矢田部良吉は牧野富太郎の存在を無視し続けたし、少なくとも気が付かない振りをし続けたのだから。

一八九一（明治二十四）年十月九日、『日本植物志図篇』第十一集が出版された頃になって、牧野富太郎に新しい不幸が訪れた。今までも遅れがちだった岸屋からの送金が、非常に難しくなってきたのだった。これは牧野富太郎の生活を、根底から揺るがす出来事であった。彼は今まで魔法の財布のように願いさえすればいくらでも金を出してくれた岸屋から、金が出なくなることがあるなどとは考えたこともなかった。彼は岸屋の財産を、整理しなければならなくなった。佐川へ帰らなければならなくなった。植物学のことも、一時忘れなければならなくなった、それも早急に。彼は妻と生まれたばかりの長女の園子を東京へ残して、四国へ向かった。これは彼が牧野家の一人息子でありながら、避け続けてきた岸屋との対決の旅であった。そしてこれは岸屋との最終的な対決であり、最も悲しい対決ともなったのである。

十二月に佐川へ戻った牧野富太郎は岸屋の経済状態を調べてみたが、それは想像以上に悪いものであった。やっと岸屋の本当の姿がわかった牧野富太郎は、愕然となった。岸屋の財政は、これほどひどいものだったのか。このことを知った時の牧野富太郎はほんの一瞬の間にしろ、矢田部良吉への憎しみも、植物への情熱も忘れたにちがいない。これで、金について何の心配もしないで植物の研究を続けられた時代は終ったのだ。牧野家の一人息子として岸屋を嗣ぐかもしれないと思われていた時代は終ったのだ。豊かな生活よ、さようなら。贅沢な暮らしよ、さようなら、さようなら。

牧野富太郎は岸屋とは完全に離別し、今後独立して植物の研究を続けていこうと決心した。そこで番頭の井上和之助と従妹の牧野猶とを結婚させ、この夫婦に岸屋を与えて、さらに猶の妹の養子牧野儀之助夫妻に、岸屋の仏壇をあずけた。井上和之助夫妻は間もなく岸屋を閉店し、佐川の奥で醤油屋を始めたが、やがて静岡県の焼津へ移った。また従妹の猶は一九五〇（昭和二十五）年に東京で死んだと言われている。一方、牧野富太郎は岸屋を手放す代りに、米十石代を手に入れた。米十石代、これが牧野富太郎が最後に岸屋から獲得することのできた総てであった。

ところで高知県に戻った牧野富太郎は、岸屋の整理にばかり関わっていた訳ではない。彼はむしろせっかくの帰郷の機会を利用して、植物採集の方に熱中していた。そのような時に一人の新聞記者に誘われて、高知女子師範学校へ行き、西洋音楽の授業を参観したことがあった。その時の先生は門奈九里という人だったが、彼女の授業の方法は牧野富太郎にとって、犯罪的と言ってもいいくらい出鱈目《でたらめ》なものであった。彼女の間違った音楽の授業に許し難いものを感じた彼は、師範学校校長の村岡尚功や県知事に会って、オルガンも満足に弾けない無能な音楽教師を代えるように要求した。ところがこの要求は、無視されてしまったのである。だが理科大学を追い出されても農科大学で抵抗を続ける牧野富太郎が、この程度のことで黙っている筈がなかった。彼は「高知西洋音楽会」という会を作り、派手な行動を開始した。二、三十名の音楽愛好家が集まると、牧野富太郎は音楽に関する本を買い集め、当時は珍しかったピアノがある満森徳治という弁護士の家を練習場にして、音楽に関することならどのようなことでもやった。そして遂には高知県で初めての音楽会を、高野寺で開催したりした。しかもその間、牧野富太郎は宿泊料だけで当時八十円もした延命軒という一流の旅館に滞在していたのである。牧野富太郎の「高知西洋音楽会」への熱中ぶりは、後に上京してからも続き、会員を音楽学校へ入学させ、高知県の音楽が盛んになるように活動した。そして遂には門奈九里の代りに新しい教師を高知女子師範学校に招くことにも成功した。

一方、一八九二(明治二十五)年矢田部良吉も、理科大学教授を辞職していた、というよりも辞職させられていた。この矢田部良吉の罷免はそれだけでも牧野富太郎にとって十分嬉しい知らせにちがいなかったが、この事件はもっと嬉しい知らせをもたらすことにもなった。それは日本に西洋数学を導入した数学者であり、当時理科大学の学長であった菊池大麓が、以前から牧野富太郎に同情的で、そのため彼の意向を受けた松村任三が理科大学の助手にならないかという手紙を牧野富太郎に書いてきたからだった。牧野富太郎は、岸屋の整理やら高知西洋音楽会のことやらで忙しかったため、数カ月中に必ず上京するので、その時まで助手の地位を空けておいてくれるように頼んだ。だが今や、牧野富太郎は佐川ですべきことをすべて済ませてきた。岸屋を手放すことは認められたし、高知西洋音楽会の催した音楽会も無事に終った。もう佐川に思い残すことはなかった。これからは東京で、理科大学の助手として、植物研究の道が開けているのだ。そのような時に、東京から、五歳の長女園子が死亡したという知らせが届いた。こうして彼は、東京へ戻る決心をした。これからは東京だけが、彼の故郷となるのである。彼は岸屋を嗣ぐことが出来るという逃げ道を、自らの手で断ったことに満足していた。かつてアステカ帝国を征服しようとしたコルテスが、自分たちの船を焼いて自らの退路を断ったように、彼には植物学への道を前進することしか残されていなかった。一八九三（明治二十六）年一月、彼は東京へ向かう列車に乗り込んだ。高知西洋音楽会で大分使ったとはいえ岸屋からもらった米十石代は、これからの彼の生活を支えてくれる筈であった。

ところでこの時、植物学のことばかり考えていた牧野富太郎は、気が付かなかったかもしれないが、一人の友人が彼に付いてやって来たのである。そしてこの友人は牧野富太郎に非常な親しみを感じて、それから長い間、彼の側に居ることになるのであった。このいかなる時も彼を見捨てず、嫌うこともなかったこの友人の名前こそ〝貧乏〟というものだったのである。そしてこの友人は、彼が文化功労者として年金を貰えるようになった一九五一（昭和二十六）年まで離れることはなかったのだった。

第十一章　貧しき人として

東京へ帰った牧野富太郎は、長女の葬式を済ませると、早速理科大学の助手になるための手続きをした。三十一歳になった牧野富太郎は十五円の月俸をもらうことになった。これは植物学が彼に与えた収入であると共に、唯一の収入でもあった。岸屋のことを気にしなくても良くなった代りに、もう人力車で理科大学へ行くことも慎まなければならないのだ。そしてこの時から牧野富太郎の恐るべき貧乏生活が、始まることにもなったのである。同時に、家族を犠牲にしてまで植物研究へ捧げた生活も、本格的に始まったのであった。

牧野富太郎は大抵朝七時頃起きた。まず採集した植物の植えてある庭を見て回り、楽しい気分になってから朝食をした。牛肉やコーヒーが好物と言われた彼も、普段は粗食で、大抵はナスやキュウリの漬物で食事をした。それから書斎へ入って原稿を書いたり、小石川植物園へ行ったり、植物採集に出かけたり、標本の整理をするのだった。

地方へ植物採集に行くと「すぐ始末せよ」という電報や「生乾きを送ったからよろしく頼む」という短い手紙と共に、植物を詰めた行李が、家族の所へ送られて来た。友人や植物愛好家には、よく手紙を書いた牧野富太郎も、家族の者へはめったに手紙を書かなかったのである。それからは、家中が大騒ぎになった。植物を腐らせると牧野富太郎が激怒するので、妻や子供や女中達は植物の水分を取るために、わざわざ用意した外国製の吸取紙を植物の間にはさみ、その上に注文して作らせた特別に重い石をのせた。

彼が家で標本整理をする時は、家族の者が吸取紙を晴れた日には干し、雨の日には火鉢で乾かした。そして昼食は十二時頃、夕食は六時頃にとった。日中には植物のことを尋ねる来客も、たくさんあった。植物の鑑定を頼む人も多かったが、彼は友人たちが勧めたにもかかわらず、鑑定料は取らなかった。学生たちが訪ねて来ると、いつも自分で豆を粉にして作ったため、「牧野のコーヒー」として有名になったものを出した。本屋も、よくやって来た。このような人々のため、彼が一日に予定していた仕事は遅れ、いつも夜中まで起きていた。深夜の十二時頃、彼にコーヒーを持って行くと、他の家族は眠るのであるが、彼だけは午前の二時か三時頃まで起きていた。停電があると、蠟燭を使ってまで原稿を書いた。

このような日常生活を送る牧野富太郎にとって、貧乏の最大の原因となったものは、本であった。本は独学する彼にとっての先生であり、命より大切なものだったからである。彼は本屋へ入ると、店員を呼び、一緒に店内を歩きながら欲しい本があると、取って店員に持たせ、店員が持ちきれなくなると、どこかへ置くように命じ、再び次々と店員に持たせる本を書棚から取り出していった。こういう本はまとめて後で自宅に届けさせるのだが、それが荷車で運ばれることも珍しくなかった。代金も数万円から数十万円に及び、高価な洋書であっても同じ本を何冊も買った。これが全部借金となり、牧野富太郎の全借金の大部分となっていった。後には全く金がなくなっても、十万円分や二十万円分の本を平気で買うようになった。それに子供達にも、本が欲しいと言う時だけ、彼は寛大に金を出した。彼は本好きの人によく見られるように、他人に自分の蔵書を見せることを嫌い、書斎へは絶対に他人を入れなかった。また描いた植物の絵の位置がわからなくなると言って、家族の者に掃除もさせなかった。そのためどれほどたくさん本があっても、一冊でも動かそうものなら、たちまち彼にわかるのであった。

そのような彼の月俸は十五円であったにもかかわらず、彼が一カ月を十五円以内で過ごしたことはなかった。洋服でさえ月俸の数倍の値打ちのものしか、身に付けようとはしなかった。汽車に乗る時に、牧野は金がないから三等車にしか乗れないと言われたことに反発して一等車に乗ったり、芸者に帯を買って与えるといった粋なこともすれば、学生たちに御馳走することも忘れなかった。歯みがきには、いつも外国製の「コルゲート」を使った。彼の結婚生活においては、七人しか無事に成長しなかったとはいえ、全部で十三人もの子供をつくったので、生活費だけでも大変だった。これでは牧野富太郎でなくても、一カ月十五円で過ごすのは不可能だったであろう。子供をつくることにおいて見られた彼の徹底主義は、身の回りの品物でも、最高級の物を買うということになって表われ、植物学においては一層完璧なものとなった。彼は節約などということはしなかったし、考えもしなかった。当然、月俸で不足した分は、借金で補わなければならなくなった。こうして彼の生活は、借金を前提とすることになった。借金は、出来れば避けるべきものではなく、しなければならないものであった。そのため借金は減ることなく増え続け、利子の支払いも増大する一方であった。彼の子供達が、小石川植物園へ月俸を取りに行くと、もうそこには利子を貰おうと借金取りが待っていた。その子供達は着ていく服がないために、彼が日曜日によく行なった植物採集会へも行けないのだった。牧野富太郎自身が、肘の抜けた裏地がボロボロの服を着ていたのである。彼の服のひどさは、後に改造社から講演旅行を頼まれた時、講演料を前借りして服を一着作ったほどであった。こうして彼の生活は、益々追い詰められていった。彼の研究生活は、このような極限状態の中で行なわれていったのである。牧野富太郎の底知れぬ楽天主義も、この凄まじい借金の前では、しばしば精彩を欠きがちであった。執達吏が差押え札を貼って回る側で、平然と論文を書いていたと言われた彼も、「明日はいよいよ家財道具の一切が競売に付されるという前の晩などは、さすがに頭の中が混乱して、論文を書くことも容易ではなかった」と回想しているからである。「貧乏物語」という彼の随筆からはそのような時の彼の苦しさがよく窺えるであろう。

執達吏にはたびたび見舞われた。私の神聖な研究室を蹂躙されたことも一度や、二度ではなかった。私は、積み上げたおびただしい植物標品、書籍の間に坐して茫然として、執達吏たちの所業を見まもるばかりだった。一度などは、ついに家財道具の一切が競売に付されてしまい、翌日には食事をするにも食卓もない有様だった。

しかし牧野富太郎は、どのように借金が増えても絶望することはなかった。そして、借金にも慣れてきた。もちろん、家賃も払えなくなり、よく家主から追い出されたが、それでも平気で大きくて立派な家を、探しては借りた。大勢の家族とたくさんの植物標本を収容するのには、大きな家が必要だったし、立派な家の方が金貸しの信用を得やすかったからである。しかも、二人の女中まで置いていた。このような家では、家賃だけで十分に月俸を上回ったが、そのような些細なことをいちいち気にしてはいられなかった。牧野富太郎が結局十八回にも及ぶことになった引越しを、どのように考えていたかについては、そのような家の一軒に関する次のような思い出からも窺えるであろう。

その時分に私は借金をしまして、あちこちずいぶん移っておりましたが、西片町に何のためにあんな家を建てたのか知りませんけれども、三階建の大きな家がありまして、そのうえ間数がたいへんあります。私は、ずっと三階まで行って仕事をしておりましたが、そこには植物の標本をおいてあったものですから、近所に火事があった時などはずいぶん困りました。それからあそこで失敗したのは間数がたいへんあって、その数ある部屋へ全部電灯をつけておりましたが、それがどうも約束以外の電球だったものですから電気屋に見つかって、えらく罰金を取られたことがありました。

子供達も、大きな家を歓んだ。ゆっくり眠る部屋もなく、標本と標本との間に転がって寝ることに、疲れていたからである。大きな家に住むようになってから、牧野富太郎も、彼の家族も、明るくなった。彼は二階から踊りながら降りて来ては、子供達を喜ばせるようにもなった。楽天主義が、遂に勝利をおさめたのである。

牧野富太郎は誰に対しても対等に付き合おうとしたが、それは金貸しに対しても同様であった。彼は借金を恥ずべきものとも、後ろめたいものとも思っていなかったからである。そのため、家賃を滞納され、いくら催促しても平気な顔で払わなかった牧野富太郎に対して、腹を立てている家主が居るのも当然のことだろう。彼が金を借りるのは、たまたま彼がその時金が不足しているのに過ぎないからだ。もし彼が金貸しで、十分の金を持っていたなら、困っている人には、必ず金を貸したであろう。金を貸すか借りるかは、その時に金があるか、ないかという偶然とも言える立場の違いに過ぎないのだ。そのため市電の電車賃が不足したため車掌に事情を話してそのまま乗せてもらった時には、翌日菓子折を持ってお礼に行くことを、彼は忘れなかった。金があれば貸さねばならないし、金がなければ借りねばならない。だから金を借りるのに、恥じる必要があるだろうか。従って彼は金を貸す能力のない人からは、絶対に借りなかった。その代り彼は、実に堂々と借金をした。貸す方が貸すのを当然のことだと考えていなくても、少しも後ろめたいところを見せなかった。余りにも平然と金を受け取るので、貸した方も金を貸した後で気分が爽快になる程だった。他の人が見れば、どちらが金を借りたのか、区別がつかなかったことだろう。もし借りる側が卑屈な態度でも示せば、それだけ貸した方も何となくいやな気持ちになったかもしれない。だが牧野富太郎には、そのような心配は無用であった。彼は、金を借りる達人だったからである。

このような牧野富太郎の楽天主義や逞しさについて考えると、あのディケンズが創造した不滅の登場人物ミスタ・ミコーバーのことを、思い出す人もいるかもしれない。あれほどの借金をしながら、あれほどの明るさと情熱と生命力を持ち続けた牧野富太郎については、ミスタ・ミコーバーのような人生観でないと納得出来ないようなことも多いからである。

借金をする牧野富太郎については、むしろ借金を楽しんでいたのではないかとさえ思えるほど不可解な点が多いが、彼の妻の寿衛子のことになると、このような謎が一層深まってくる。彼女のことに関しては、牧野富太郎の弟子たちの間でも、意見が一致しないようだからである。牧野富太郎よりも借金に対して暢気で鷹揚だったと言う人も居れば、大変な締まり屋だったと言う人も居る。そしてどちらも本当のようだからである。もし彼女が牧野富太郎と同じように借金をしたのならば、経済的に牧野家の存続は困難であっただろう。しかし彼女が締まり屋だったとしたら、牧野富太郎と生活を共にすることが出来たかどうか、疑問が生じてくるからである。ミスタ・ミコーバーとスクルージとが、同居出来るとはとても思えないからだ。そして肝心の牧野富太郎は、自分の妻に対して次のような感謝の言葉を至る所で記している。

私の妻は、私のような働きのない主人に愛想をつかさずよくつとめてくれた。私のごとき貧乏学者に嫁いで来たのも因果と思ってあきらめたのか、嫁に来たての若いころから、芝居も見たいといったこともなく、流行の帯一本欲しいと言わなかった。

妻は、女らしい要求の一切を捨てて、蔭になり、日向になって、絶えず私の力になって尽してくれた。

このような牧野富太郎の文章から浮かんでくるのは、夫に対して献身的ではあるが、同時に現実的で、要領の良い一人の女性の姿である。彼女は牧野富太郎の植物への情熱をよく理解していたので、彼の植物研究を乱すものを最も恐れた。牧野富太郎が植物に畏敬の念をもっていたように、彼女は牧野富太郎の植物学に対する才能に畏敬の念をもって彼の才能を何よりも優先させ、それに奴隷のように仕える決心をしていた。彼女は牧野富太郎との結婚生活を「道楽息子を一人抱えているようなもの」と言っていたが、それでも彼女が我慢出来たのは、彼女の夫への愛情と共に、夫の才能への誇りがあったからにちがいない。事実彼は道楽息子などとは比較にならないほどの借金をしていたし、もし彼が道楽をしていたのなら、借金が少なくても彼女は彼を許さなかったであろう。彼女は夫への才能の信頼が余りに大きかったために、その才能へ奉仕することを、彼女の宿命として考えることが出来たのであった。

だからこそ彼女の献身ぶりには、非の打ち所がなかった。だからこそ彼女は、完全に自尊心を捨てることが出来たのである。債権者へは、すべて彼女が対応した。猛獣を飼い馴すことが上手な調教師のように、彼女はどのように怒れる債権者でも、笑顔で帰すことが出来た。債権者が来ていることを家の門に出した赤旗で知らせ、牧野富太郎に旗がなくなってから家へ入るようにさせたのは、彼女であった。出産後三日目で起き上がり、債権者へ断りに行ったのも彼女であった。執達吏が来た時、研究の邪魔にならないように、書斎と反対側の縁側へ連れて行くのも彼女であった。彼女は、一切俗事を牧野富太郎の耳に入れないように注意していた。そして子供達には「我が家の貧乏は世間で言う貧乏とは違い、学問のための貧乏だから恥ずかしいと思わないように」と言い聞かせていた。外出先から帰ると質屋で普段着に着替え、翌日はまた質屋で普段着から外出着へ着替えたりもした。また、子供達からおいしい物を食べさせる店のあることを聞くと、子供達をそこへ連れて行くことも忘れなかったのだった。

一方、温和なことで知られる牧野富太郎も家庭内では、癇癪を爆発させた。子供達にとって彼は、実に恐るべき父親だったのである。おそらく大学での事情とか収入のことなどを考えて腹が立ってくると、突然彼女を怒鳴りつけ、膳を蹴飛ばした。そのため膳の上にあったものが飛び散り、天井はいつも染《しみ》だらけだった。恐くなった子供達が逃げ出しても、彼女だけは逃げなかった。そして自分は少しも悪くないのに、彼に向かって「申し訳ありません」と謝り続けた。彼女は一切抵抗しなかったし、彼の悪口も一切言わなかった。一八九六(明治二十九)年十月、植物採集のための台湾出張を命じられた時、月俸の六倍の金を持って行きたいと言った牧野富太郎に、十倍もの金を用意したのも彼女であった。この時、当時危険と言われた台湾へ行くため、牧野富太郎は荷物の中へ日本刀まで入れておいたのだった。しかし、これ程恐ろしい台湾旅行でも彼は楽しく過ごし、台北を訪れた時には、偶然にも佐川で一緒に化石を採集した地質学者の小藤《ことう》文次郎に会うことも出来た。旅行の土産として牧野富太郎は、妻には花かんざし、娘の香代にはオルゴールの付いた置時計を買って帰ったが、それは妻の犠牲に対して余りに小さな償いだった。牧野富太郎の楽天主義は、ある意味では妻の犠牲の上に成り立っていたからである。

だが、他の人々も彼の妻のように、彼を見ていた訳ではないだろう。おそらく牧野富太郎の植物学での業績も、彼の生活の悲惨さも、他の人々には訴える力もなく、従って同情も引かなかったにちがいない。まずいい年をした大人が、金儲けとか名声とかに夢中にならないで、花や草を追いかけていること自体、納得出来なかったことだろう。これでは、金がないのも当然だ。これでは、無名なのも当然だ。これでは、地位が低いのも当然だ。世の中を、甘く見てはいけないのだ。こう考えて人々は牧野富太郎のことを、同情よりも軽蔑をもって見ていたからだった。多くの人々が、牧野富太郎のことを妻が理解したように理解するためには、もっと多くの時間が必要だったし、牧野富太郎ももっと多くの経験を積まなければならなかったのである。

第十二章　富太郎をめぐる愛憎

一八九三（明治二十六）年九月十一日に助手になったばかりの牧野富太郎は、松村任三の下で研究することになった。というのは、ドイツから戻った松村任三が、矢田部良吉の後任として植物学教室の教授になっていたからである。ところが牧野富太郎と松村任三との仲は、最初からうまくいかなかったようである。その原因として牧野富太郎は、「松村教授の奥さんが、その縁者の娘を私にもらってくれと言ってきたことがある。夫人は、牧野富太郎を身内にして松村を助けてもらおうという考えであったようである。しかし、私はこの縁談を断った。そのため夫人は怒って」松村任三に牧野富太郎を嫌うようにそそのかしたということを挙げている。この自信に満ちた牧野富太郎の発言はともかくとして、植物学教室での彼の活躍ぶりには、松村任三に脅威を感じさせる程めざましいものがあった。それについては『自叙伝』の中で次のように記している。

私が専門にしているのは分類学なので、松村氏の専門も矢張り分類学で、つまり同じ様な事を研究していたのである。それを私は誰れ憚らずドシドシ雑誌に発表したので、どうも松村氏は面白くない、つまり嫉妬であろう。或時、

「君はあの雑誌へ盛んに出すようだが、もう少し自重して出さぬようにしたらどうだ」

松村氏からこう言われたことがある。併し私は大学の職員として松村氏の下にこそおれ、別に教授を受けた師弟の関係があるわけではないし、氏に気兼ねをする必要も感じなかったばかりでなく、情実で学問の進歩を抑える理窟はないと、私は相変らず盛んにわが研究の結果を発表しておった。これが非常に松村氏の忌諱《きき》にふれた、

そもそも牧野富太郎が助手になれたのは、一八九三（明治二十六）年七月から、帝国大学理科大学でも講座制が採用されたおかげであった。つまり、教授、助教授、講師、助手という身分関係が一つの講座の中に成立し、教授は自分の講座の中で神のように権力が振るえたのである。教授の松村任三としては、牧野富太郎の知識を利用することにやぶさかではなかったが、その前に教授としての地位に対する絶対服従を要求していた。ところが、理科大学

の助手としての牧野富太郎は、教授の地位など少しも気にせず、植物採集旅行では輝かしい成果をあげていった。採集の範囲も広がり、松村任三の注意にもかかわらず論文の数も増えていった。門奈九里を高知女子師範学校から追い出した時に見られたような、人間関係を無視してもー層高度でー層完璧なものを目指そうとする牧野富太郎の態度は、益々顕著になっていった。一方、松村任三の牧野富太郎への憎しみも、学問的なものから感情的なものとなり、松村任三自身の力でもその憎しみを押さえ付けることが出来ないほど、激しいものとなっていた。牧野富太郎のことが方々で話題になると、彼は仕事が出来ても売名がうますぎると非難したり、彼の俸給が上がらないように努力したりしていた。

ところで牧野富太郎の貧窮ぶりは、松村任三には快感を与えたが、法科大学教授の土方《ひじかた》寧《やすし》には同情を引き起こすことになった。彼は佐川出身だったこともあり、やはり佐川出身で明治維新の時活躍し、宮内大臣にもなった田中光顕《みつあき》と相談して、当時二千円以上もあった牧野富太郎の借金を三菱の岩崎家に払ってもらうことにした。このため、ほんの一瞬の間ではあったにしろ、牧野富太郎は完全に借金から逃れることが出来たのであった。それから土方寧は牧野富太郎の『日本植物志図篇』や、たくさんの収入を期待したのに少しも売れなかった『新撰日本植物図説』のような著書を持って、大学総長をしていた浜尾新《あらた》の所を尋ねた。

そして東京帝国大学に銀杏並木を植えたため植木屋総長と言われた浜尾新は、牧野富太郎に何か仕事をさせて俸給を上げるようにしようと考えた。浜尾新の考えた仕事は、正に牧野富太郎にふさわしい仕事であり、彼にしか出来ない仕事であった。それは、矢田部良吉が植物学教室からの刊行を夢見ていた『大日本植物志』の編纂であった。これを牧野富太郎に担当させ、その費用を大学紀要のための資金の一部から出そうとしたのである。牧野富太郎は自分が一番やろうとしていたことを、大学の費用で出来るようになったのである。この本の刊行は日本の植物学にとって、歓ぶべきことであった。そしてこの本の完結を皆で願い、協力すべきであった。この本にはそれだけの価値があり、また必要な本でもあったからである。だが牧野富太郎の近くには、この本の発刊を妬み、刊行が中止になることを願う人が居た。それが松村任三であった。彼はこの本が大き過ぎるとか、文章が下手だとか言っては文句をつけ、牧野富太郎以外の者にも『大日本植物志』を書かせるべきだということまで言い始めた。牧野富太郎も、総長の浜尾新も、『大日本植物志』は牧野富太郎一人で書くべきだと主張した。松村任三は、かつて自分が「本邦植物志図篇ヲ著スベキ人ハ、牧野富太郎一人アルノミト信ズ」と書いたことも忘れて、怒り狂った。『大日本植物志』の仕事で、牧野富太郎は特別手当を貰える筈だったが、もちろん松村任三は認めなかった。従って牧野富太郎の収入は、依然として増えることはなかったのであった。

しかし牧野富太郎がこの『大日本植物志』にかけた情熱は、大変なものであった。後になって彼自身、「あの時は馬力をかけた」と言っているように、彼に出来る最善の努力を払ったのである。表紙にある題字やその他の字は、聖徳太子の経文の筆蹟から拾い集めたもので、それほど細かい所にまで注意が払われていた。こうして一九〇〇（明治三十三）年の二月二十五日、『大日本植物志』第一巻第一集が発行されたのであった。この第一集には、「やまざくら」と「あづましろがねさう」とが載っていて定価は六十銭だったが、それに続いて一九〇二（明治三十五）年八月十五日に発行された第二集には、「ちゃるめるさう」と「さくゆり」とが載り、定価は一円二十銭で、一九〇六年九月三十日に発行された第三集には、「せいしくゎ」と「ぼうらん」と「ひがんばな」とが載り、定価は一円で、一九一一年十二月二十八日に発行された第四集には、「もくれいし」と「おほやまざくら」と「ほていらん」が載り、定価は一円五十銭で、いずれも丸善から発行された。そして解説は第一集が六ページ、第二集が八ページ、第三集が十ページ、第四集が十六ページであった。

この『大日本植物志』でまず驚かされるのは、フォリオ判の大きな図版一杯に描かれている正確緻密な全形と解剖図である。この図には、植物にあるどのような細い線も逃さず書き込まれているが、原図は印刷された図より一層細い線になっている所もある。牧野富太郎はこの細い線を、三本のネズミの毛で作った特別の蒔絵《まきえ》筆で息を凝らしながら描いたと冗談に言っていたが、もちろん三本の毛で出来た蒔絵筆など存在しなかった。ただ牧野富太郎が使った蒔絵筆は、和船の船底で育った船ネズミの背部の毛で作られたものだったのである。そして一枚の図版を描き上げるのに、多くの日時をかけたのだった。彼は「絵をいつも描いていないと腕が鈍る」と言っていたが、絶えず植物を描き、その訓練で身に付けた最高のわざを『大日本植物志』の図で、発揮したのである。そのためこの『大日本植物志』には、解剖図の多いことで世界初と言っても良いほどの詳しい図が入ることになった。この図は東京築地活版製造所で優秀な職人により製版され、第一集から第三集までは最初銅版におこし、それを石版に落として印刷された。銅版ではすぐ摩滅して沢山刷れないからである。そして植物に関しては完全主義者の牧野富太郎は、印刷される図には色を付けず線だけで描くことが多かった。というのも色は、彼が思う通りに印刷されることがめったにないためであった。

ところで第四集の図は、最初から全部石版だった。そして「ほていらん」の図では、全形だけに着色が施されている。それだけに牧野富太郎は、この全形図には特別の注意を集中したのだった。そしてこの図の水彩絵の具には、色があせないように世界で一番良いと言われたウインザー・ニュートン社の絵の具が使われている。また植物の図では、緑色を出すのが一番難しいと言われ、特に光沢のあるツバキのダーク・グリーンなどを、実物のように描ければ一流とされているが、牧野富太郎が最も神経を使ったのも緑色であった。こうして描かれた「ほていらん」の図は、ヨーロッパの蘭科植物の専門家であるシュレヒテルに、この蘭がヨーロッパのホテイランとは別種のものであることを気付かせるほど、精密なものとなったのである。

『大日本植物志』を執筆するだけあって、牧野富太郎は自分の描く植物の図に、絶大なる自信をもっていた。その牧野富太郎でさえ世界で一番上手だと認めた画家にウォルター・フィッド・フィッチ（一八一七―九二）がいる。彼はイギリスの植物学者でチャールズ・ダーウィンの友人としても有名なジョセフ・ドルトン・フッカー（一八一七―一九一一）の本の石版画などを描いた人で、やはり絵の具にウインザー・ニュートンを使い、フッカース・グリーンという緑色の絵の具があるほど、フッカーと共に緑色の工夫をした人であった。ただフィッチは裸体などのデッサンをちゃんとやり、画家としての専門の訓練を受け、物理的な遠近感の表わし方などを身に付けていたため、そのような訓練を受けていない牧野富太郎よりも、はるかに立体感の点では優れていると言える植物の図を描いている。従ってフッカーはフィッチのような素晴らしい画家と一緒になれて幸福だったとも言われているが、フィッチが有名になれたのはフッカーの図を描いたからだとも言えるのである。とにかく優秀な植物画家でもあった牧野富太郎は、このフィッチとフッカーとを合わせたようなものと言ってもよい存在なのであった。

しかし松村任三は、そのような牧野富太郎を認めなかった。そして、『大日本植物志』も第四集で牧野富太郎自身の手により、中止せざるを得なくなった。この『大日本植物志』の中止について彼の『自叙伝』を見ると、「教室の人々の態度は、極めて冷淡なもので『大日本植物志』の中絶を秘かに喜んでいる風にさえ見えた」となっている。松村任三は勝ったのである。しかしこの勝利は、はかない勝利であった。というのも松村任三は、矢田部良吉と同じく、最終的に牧野富太郎を抹殺することが出来なかったからである。

『大日本植物志』が中止になっても、牧野富太郎の研究活動は盛んになる一方だった。一八九九（明治三十二）年には『新撰日本植物図説』が発行されていたが、一九〇一年になると『日本羊歯植物図譜』を、そしてその翌年に『日本禾本莎草植物図譜』を刊行し、さらに一九〇六（明治三十九）年、三好学と共著の『日本高山植物図譜』を、翌年の一九〇七年には飯沼慾斎の『草木図説』を校訂した『増訂草木図説』の第一巻までも出版した。また一九〇八年になると東京博物学研究会編牧野富太郎校訂という『植物図鑑』が発行されていたのである。世間的にも、松村任三よりも牧野富太郎の方が、有名になりつつあった。これは松村任三にとって許し難いことであり、牧野富太郎を植物学教室から追い出そうと決意するのに十分な理由となった。しかし、この時期における松村任三の涙ぐましいまでのありとあらゆる努力にもかかわらず、牧野富太郎が免職させられなかったのは、理科大学の学長をしていた箕作佳吉《みつくりかきち》の力によるところが大きいだろう。

箕作佳吉（一八五七―一九〇九）は菊池大麓の弟で、歴史学者箕作元八の兄である。彼は若い頃に慶応義塾や大学南校で学んだことがあり、一八七三（明治六）年アメリカへ行ってからは、エール大学やジョーンズ・ホプキンス大学で動物学を専攻した。さらに一八八一年イギリスへ渡り、ケンブリッジ大学でバルフォアについて学んで、その年の暮れに帰国したのだった。そして翌一八八二年からモースやホイットマンの後をうけて、日本人として最初の理科大学の動物学教授となり、後に動物学会会長ともなった人である。彼は専門が植物学ではなく動物学であったこともあって、松村任三のような憎しみを牧野富太郎に対してどうしても抱けないでいた。それどころか牧野富太郎の実力を認め、彼の不運に深い同情を寄せていた。そこで理科大学内での牧野富太郎への非難から、いつも彼を守った。植物学教室での事情も良く知っていたので、牧野富太郎の免職も認めなかった。一九〇九（明治四十二）年、植物採集の途中の名古屋で牧野富太郎が喀血した時、手紙を書いて励ましたこともあった。箕作佳吉は、植物学教室で孤立していた牧野富太郎にとって最も頼もしい味方であった。

ところが一九〇九年、箕作佳吉が突然死亡した。そしてその後に植物学教室の内情を全く知らない桜井錠二が、新しい学長となった。松村任三は、この素晴らしい知らせに大歓びをした。嬉しくて嬉しくて仕方がなかった。彼は早速桜井錠二に話して、牧野富太郎を免職にしてもらうことにした。

本来ならこの瞬間に、東京帝国大学理科大学での牧野富太郎の経歴は、終る筈であった。普通の人なら、そうなったことだろう。だが牧野富太郎は、普通の人ではなかったのである。もし松村任三が、このようなことで牧野富太郎を免職出来ると確信していたとしたら、彼は余りに自分の敵を知らなさ過ぎた。今まで苦境に立たされても、彼を救ってきた運の強さが、またここでも彼を救うことになった。彼には、真の極限状態になると必ず彼に同情する人が現われるのである。そして炎の中から、不死鳥のように甦《よみがえ》るのである。

この誰が考えても不当と言える牧野富太郎の免職について、今度は回りの人々が黙っていなかった。免職に反対する動きが、大学内に出て来た。植物学教室の矢部吉禎や服部広太郎、それに池野成一郎らが、積極的に活動した。そして、学長の桜井錠二と直談判をした。やっと植物学教室の事情がわかった桜井錠二は、一九一二年一月三十日、改めて牧野富太郎を理科大学の講師として任用することにした。恩給もなく一年単位の臨時雇だが、俸給も三十円になった。

松村任三は悔しかったにちがいない。松村任三は腹を立てたにちがいない。今度こそ確実に牧野富太郎を追い出せると思ったのに、かえって彼の待遇は良くなってしまったのだ。松村任三は、牧野富太郎の底力を思い知ったにちがいない。これほどの恐るべき相手を敵に回さず味方にしようと考えるだけの賢明さが、松村任三になかったことは、何よりも松村任三自身のために痛ましいことであった。松村任三は気が付かなかったかもしれないが、牧野富太郎のように、何の資格もなく、何の権力もなく、何の抵抗もしない人間こそ、実は最も強い人間なのである。一九二二（大正十二）年に松村任三が東京帝国大学を去った後でも、牧野富太郎は講師として留まり続けた。そして日本の植物学や世間における牧野富太郎の影響は、増大し続けていった。牧野富太郎は、松村任三が大学をやめた頃のことを回想して『自叙伝』の中に次のように書いている。

これは後の話であるが、停年制のために松村氏が学校を退いた。その時に或新聞に、「私がどうでもやめねばならぬとすれば、牧野も罷めさせておいて、私はやめる」松村氏の言として、こんな事が書いてあった。真か偽か知らぬが、とにかく松村氏が私に敵意を持っておったという事は、なかなか深刻なもので、且つ連続的なものであった。併し松村氏もとうとう私を自由に処分する事は出来ないで、却って講師にしなければならなかったというのは、全く松村氏の面目が潰れたといって良いわけになる。

牧野富太郎は、松村任三に完全に勝ったのであった。だが、牧野富太郎が一方の敵、松村任三に気をとられている間に、もう一方の敵、貧乏は取り返しがつかないほど大きくなっていた。以前に二千円以上もの借金を払ってくれた岩崎家の厚意も、役に立たなかったのではないかと思えるほど、借金は大きくなっていたのである。大正時代の初期で約三万円というこの借金の額は、正に天文学的数字であった。この額は余りに大き過ぎるために、返済しようという意欲を完全に奪い、絶望から虚脱状態に陥れるのに十分な効果があった。この額は、牧野富太郎の家財から本や資料までも差し押さえ、彼の研究機能を麻痺させるのに十分な効果があった。この借金のために、絶望の余り約三十万点にも及ぶ植物標本を外国の研究所に売却しようと考えたとしても、無理はないだろう。かつてリンネの標本がスウェーデンからイギリスへ売られてしまったように、牧野富太郎の標本も日本から外国へ売られてしまうのだ。牧野富太郎がすべてを失う覚悟を決めた時、またしても意外な人々から救われることになるのであった。

まず農学士で新聞記者の渡辺忠吾が、牧野富太郎を説得して、彼の生活の苦しさを公表する許可を得てから、そのことを大々的に『東京朝日新聞』に書き立てた。そして、当時『東京朝日新聞』の社会部部長をしていた山本松之助の弟で、『大阪朝日新聞』とも関係のあった長谷川如是閑がこのことを『大阪朝日新聞』にも発表した。そのため牧野富太郎が貧乏だということは日本中に知れわたってしまったが、おかげで彼の標本を外国へ売らせまいとする二人の男が名乗りを挙げたのである。一人は後に満州重工業という軍協力機関を起こした鮎川義介《あいかわよしすけ》の義弟である久原《くはら》房之助で、もう一人は多額納税者の池長孟《はじめ》であった。池長孟は、後に映画評論家淀川長治の姉、富子を後妻とした人でもあった。朝日新聞社は牧野富太郎のために二人のことをよく調べ、組織立っているので自由にならない恐れのある久原房之助の金よりは、池長孟の金の方が良いだろうという結論を出してくれた。こうして池長孟が、借金の海で溺れかけている牧野富太郎を助けることになったのである。まず当時京都帝国大学法学部の学生だった池長孟は、父の遺産の中から三万円を出して牧野富太郎の標本を買い取ることにした。そして池長孟としては、何の使い道もないこの標本を牧野富太郎にすぐ返すつもりだったが、牧野富太郎が断ってきたので、彼の父が神戸の会下山公園の登り口に建てた池長会館で所蔵しない訳にはいかなくなった。それに今までの借金を払っただけでは、まだ彼を完全に借金から救ったことにはならなかったのだ。これからも借金から救うためには、今後の経済的援助も必要なのである。そこで池長会館を池長植物研究所とし、牧野富太郎に毎月研究費を送る代りに、月一回この研究所に出張してもらうことにした。牧野富太郎はこの研究所について「池長植物研究所の名も実は牧野植物研究所とすべきであったが、私は池長氏に感謝の実意を捧ぐる為めに其研究所に池長の姓を冠した」ということを述べている。そして彼は毎月一回、この池長植物研究所へやって来ては、植物愛好家の前で植物講話をすることになった。この植物講話では、牧野富太郎の最も優れた点の一つである植物学の啓蒙活動が効果的に行なわれ、関西で植物の採集会などが盛んに催される切っ掛けともなったのである。またこの研究所への出張のため、牧野富太郎が神戸へ来ると、西村旅館の主人だった西村貫一は牧野富太郎を一番良い部屋へ案内し、牛肉料理を出すことを忘れなかった。また彼は牧野富太郎好みの派手なイギリスの生地を贈ったことがあるが、それは早速牧野富太郎の新しい服となったのだった。さらに牛肉が好物の牧野富太郎にとって、三輪という牛肉屋で味噌漬の牛肉を買うことも神戸での大きな楽しみの一つとなったのである。

だがやはり牧野富太郎の最大の楽しみは、植物採集だった。そしてこのような牧野富太郎を中心に、様々な植物の同好会も作られたのである。最初に出来たのは一九〇九（明治四十二）年十月に創立した横浜植物会で、この会には原虎之助、岡太郎、笠間忠一郎、松野重太郎、福島亀太郎、鈴木長治郎、和田利兵衛、久内清孝、佐伯理一郎等の人々が参加していた。その後一九一一年十月に東京植物同好会が作られ、会長の牧野富太郎と世話人の田中常吉の回りに子供から老人まで多くの人々が集まった。月一回、日曜日に行なわれた採集会に参加した人の中には、朝比奈泰彦、恩田経介、木村有香《ありか》、木村康一、向坂道治、田中茂穂等のように生涯にわたって牧野富太郎と学問的に交際していった人も少なくなかった。さらに阪神植物同好会も生まれ、牧野富太郎の一般の人々への影響は益々大きくなっていった。それほど牧野富太郎は優秀な教育者なのであった。優秀な教育者とは、決して弟子を指導したり、知識を押し付けたり、自慢したりはしない。本人自身が身をもって示すことにより、他の人々に自らの意志でそのような人物になりたいという強い願望を、自分の力で押さえ付けることが出来ないほど呼び起こさせる人なのである。そして牧野富太郎のこのような影響力こそれは大学の研究者たちが模倣出来ず、また模倣しようともしなかったことなのであった。

牧野富太郎を取り巻く経済状態は良くなったし、朝日新聞社とも強い関係が出来た。牧野富太郎は三万円の借金により、以前より良い環境を作り出したのである。一九一六（大正五）年、牧野富太郎は生涯最大とも言えるこの危機をまたしても乗り切ることが出来たのであった。

第十三章　帝大で教える

牧野富太郎の植物学に関する啓蒙活動は、今日でも大きな影響を残しているが、それは単なる活動に留まらず、無謀にも新しい雑誌の発行にまで及ぼうとしていた。彼が以前に発行した『植物学雑誌』には、植物学者の論文しか載せることが出来なかったため、植物学をもっと広い立場から考えようとする牧野富太郎には、余りに小規模過ぎて不満な点が多かったからである。そこで今度は、もっと多彩な内容の植物学の雑誌を作ろうとしていたのであった。確かにこの意図自体は実に素晴らしいものであったが、周囲の状況はこのような雑誌の刊行を全く不可能にしていた。凡人ならば、そして理性のある人間ならば、このような雑誌は絶対に刊行しなかったであろう。しかし牧野富太郎は、植物学に関しては、大胆、大胆、そしてまた大胆になる人間であった。人は自分が最も得意とする分野には、大胆になれるものなのである。

まず刊行に必要な資金は皆無に等しかったが、牧野富太郎にとってそのようなことは全く問題にならなかった。早速牧野富太郎はいくつかの書店に、このような雑誌の刊行について相談してみたが、書店は彼より植物学についての情熱は少ない代りに分別だけは十分にあったため、すべてから断られた。そこでもし刊行するとなると、彼自身がその費用を負担しなければならなくなった。しかし、当時の牧野富太郎の主たる収入は、理科大学講師としての月三十円の給料だけであった。そしてこの金額は、彼の十人近い家族を養うためだけとしても不十分な金額であった。せっかく池長孟のおかげで借金がなくなっても、また池長植物研究所から毎月研究費を貰っていても、牧野富太郎は絶えず経済的危機に晒されていた。生活費でさえこのように不足しがちだったため、新しい雑誌の刊行にはどうしても新しい借金をしなければならなくなった。

不思議なことに雑誌のための最初の資金にして借金である五十円は、及川智雄から借りることが出来た。こうして最大の障害は取り除かれた。あとは雑誌刊行のための雑用、つまり編集、印刷、発行などがあったが、牧野富太郎にとってこのようなことは歓びでさえあった。実際、経済的心配さえなければ、牧野富太郎には何の心配も何の障害もないのであった。そして困ったことに、経済的心配も牧野富太郎には大きな心配事ではなかったのである。

またしても本に関する牧野富太郎の異常なまでの執念が、発揮された。活字やインクの色には牧野富太郎の鋭い眼光が光り、少しでも気に入らない活字があると、自分で気に入った活字を探して買って来た。他人の原稿は、仮名遣いを直し、別の原稿用紙へ写して、写真を貼った。文章にはなるべく句読点を入れないようにし、各ページにおいてそれらの文章の外縁には、彼が好きな漢籍のように子持ち罫の輪郭が付けられた。この子持ち罫の輪郭は彼が『植物学雑誌』が創刊された時に付け、非常にこだわっていたにもかかわらず、いつの間にか廃止されたものであった。こうして『植物研究雑誌』が出来上がった。これは、彼自身が道楽と認めたように、牧野富太郎の、牧野富太郎による、牧野富太郎のための雑誌であった。

第一次世界大戦中の一九一六（大正五）年四月五日、『植物研究雑誌』の第一巻第一号が発行された。これは印刷も、内容も、素晴らしく、総理大臣大隈重信への牧野富太郎の意見書まで載った雑誌だった。しかし牧野富太郎に関することが総てそうであったように、この雑誌も最初から経済的に恵まれることはなかった。それどころか牧野家の経済にとって、新たな大いなる脅威とさえなっていった。これが牧野家にとっていかに大きな負担となったかについては、牧野富太郎の植物学に対するあの超人的な情熱をもってしてさえも、第一巻第三号で休刊せざるを得なくなったことからも窺えるだろう。

　ところがこの時も真の危機において、必ず牧野富太郎を救って来た不思議な幸運が現われた。この時の幸運は再び池長孟の援助によるという形をとったが、一九一七年四月『植物研究雑誌』の第一巻第四号の巻頭の辞に「購読者諸君カラ払込ンデ下サッタ雑誌代モ皆私一家ノ米塩ノ資ニ投ジテシマッタ」ような状態で、このような雑誌をまた出せるようになったのが、誰のおかげであるかということが、感謝の念と共にはっきりと述べられている。だが牧野富太郎は、自分の経済的負担を余りに池長孟へ押し付け過ぎていた。そして池長家の寛大さを、過大評価し過ぎていた。牧野富太郎の生活がまた苦しくなったとはいえ、また形式的なものとはいえ、月一回の池長植物研究所への出張さえも、疎かにするようになった。池長孟も、牧野富太郎が植物の標本作りを自分自身でしなければ承知しないため、標本の整理が遅過ぎると言うようになった。そのため池長家の牧野富太郎への同情は憎悪へ、誇りは怒りへ、歓びは心配へと次第に変わっていった。やがて池長孟の経済的援助は打ち切られることとなった。そして牧野富太郎の『植物研究雑誌』はまたしても経済的危機を迎えたのである。

　ところで、池長孟が牧野富太郎への援助を打ち切った事情について高見澤たか子は、池長孟の伝記『金箔の港――コレクター池長孟の生涯』の中で、次のようなことを書いている。

しかしこれに追い討ちをかけるように、思いがけない噂がこの年若い後援者を驚かせた。池長が出した三万円の金は、まだ牧野の手元にあり、こともあろうに、兵庫の色街福原の長谷川楼ですでに数百円を使ってしまったというのである。

「花魁を置いている京風の格式の松浦のような家ならいざ知らず、いわば女郎屋の長谷川楼で三百なんぼかを使うのは、えらい時間がかかったはず」だと、この話を聞かせてくれた兵庫在住の水墨画家北井真生は言う。明治三十六年生まれの北井は、池長よりひとまわり年少で、池長を実際に知るようになったのは、第二次大戦後のことである。だがこの話は、池長の幼なじみの諸井光政から繰り返し聞かされていた。事実を牧野富太郎に確かめた池長は、激怒して金の返済を要求したという。「金を返せなければ標本を寄こせ」と池長に迫られて、牧野は、自分に尊敬と厚意を抱いていた諸井に助太刀を頼み込んだ。

「きみは、先生から標本とってどうするんや」

仲に立った諸井は池長に聞いた。

「そんなもん、風呂の焚きつけにしてやるわ」

「風呂の焚きつけとはなんや。おれは、きみを京大出の立派な紳士と思《おも》とんのに、そんなわけのわからんこと言う奴なら、もう絶交や」

「この金のことは、お前になんの関係もないのに、よけいな口ばしをはさみよって、わしかて絶交や」

牧野の植物学の信奉者である諸井は、池長のめちゃくちゃな怒り方に、逆に腹を立ててしまったのである。池長が怒り狂うのも無理はなかった。別の件で牧野の愚行についての動かし難い証拠を、母しまから突きつけられ、このとき池長は家の中でも窮地に立たされていたのである。牧野の身のまわりの世話をするために池長家からつけた女中に、牧野がよからぬ行為に及んだことで、しまは池長を責め立てた。もともとしまは、牧野への援助について積極的に賛成したわけではなかった。

それにしてもなぜ牧野富太郎は、自分の幸運の神を自分の手で追い払うようなことをしてしまうのだろうか。彼は自ら借金を増やすように、有力な味方になるような人を自ら敵に回しては、自分を窮地に追い込んでしまうのである。河上肇が言うように、貧乏には「自ら選択して進んで取った貧乏」と「やむを得ず強制的に受けさせられている貧乏」とがあるが、牧野富太郎は貧乏においても独創的で、自ら人間関係の悪化を招き、経済的危機を自ら呼び寄せているのではないかと思われるようなところがある。ここでも初めは好意的だった矢田部良吉の時に見られたような、牧野富太郎の不思議な人間関係が見られる。ジグムント・フロイトの言う「死の本能」のように、自ら不幸になりたがる性癖は、植物の研究に見られたような有意義で生産的な仕事をする「生の本能」と対をなすものであったのかもしれない。彼があれ程の業績を残すためにこそ、彼は自分の一番の味方を拒絶していったのであった。彼は相手が自分と対等か、自分より下の地位で付き合う場合はうまくいくが、自分より上の地位から見下されるか、何らかの義務が伴う場合には、友好的関係を持続するのが急に難しくなる。一方で完全な自由を好む牧野富太郎は、どのような小さな強制にも我慢出来なかったのだった。

もし牧野富太郎に自由な時間と自由な金を十分に与えて、自由に植物の研究をさせたならば、おそらく彼ほど充実した研究を残す人は居ないだろう。しかし研究所や大学が彼に定期的な出席などを強制するようになると、たちまち彼はその強制に従う気をなくしてしまうのである。彼が強制に従わないのは、金が欲しくないからでもなければ、人間関係を悪化させたいためでもなく、彼の本質的な生き方に関わる問題であった。以前牧野富太郎は、マキシモヴィッチを頼ってロシアへ行こうとしたことがあったが、彼が自分の生き方に関するこの基本的な姿勢を少しでも改めようとしない限り、おそらくロシアでも日本と同じように居辛い立場へ、自分自身を追い込んでしまったことだろう。従って彼が後に「池長植物研究所では私のことを良く言わないであろう」と言うようになったのも当然なのであった。なぜなら池長植物研究所の寛大さは余りに小さ過ぎ、牧野富太郎の期待は余りに大き過ぎたからである。もしあの時牧野富太郎が池長孟ではなく久原房之助の援助を受けていたならば事情はもう少し異なったものになったかもしれない。

それでも池長孟の拒絶は、彼が考えたほどの打撃を、牧野富太郎に与えることは出来なかった。牧野富太郎は経済的な危機で衝撃を感じるような人ではなく、少なくともそのような衝撃で動じるような人ではなかった。それにいつも彼を救ってきた不思議な幸運がこの時も彼を救ったからである。一九二二（大正十二）年七月、牧野富太郎は成蹊学園高等女学校の職員や生徒のために日光山で植物採集会を開いたことがあったが、彼にとって重要だったのは、この時に成蹊学園園長の中村春二と知り合えたことだった。この二人の友情については、おそらく借金をすることが上手な牧野富太郎の方が、積極的であったことだろう。彼は中村春二に『植物研究雑誌』が地方の植物研究者たちに、どのように重要な発表の場となっているかを話し、単なる経済的危機のために休刊となっていることが、いかに日本の文化における大きな損失となっているかを訴えた。当時既に植物研究家として一応の名声を得ていた牧野富太郎から、このように直接頼りにされて感激した中村春二は、いつの間にか自分の学校の出版部で刊行を続ける約束をしてしまっていた。牧野富太郎は中村春二との出会いについて『自叙伝』の中で次のように述べているが、この中には牧野富太郎自身の人間性も十分に窺えて興味深いものがある。

これは全く中村先生が学術に忠実で、情誼に厚く、且つ仁俠の気に富んで居らるゝの致すところで、私は深く感謝して止まなかった。私が先生を知ったのは、大正十一年七月で先生の統《す》べられて居られる成蹊高等女学校の生徒に野州の日光山で植物採集を指導することを依嘱せられ、同先生其他同校職員の方々と共に同山に赴いた時、親炙《しんしゃ》する機会に逢著したわけである。日光湯元温泉の板屋旅館を根拠として、生徒は別の一棟に、中村先生と私とは二階に間をとったが部屋が隣なので色々な物語を交した。私は従来の身の上話や雑誌の事などを申上げた所、先生はよくこれを聴かれ渥《あつ》き同情の心を寄せられ、私に対し非常な好意を示された。中村春二先生に関しては次のことを記さねばならない。それはその後同校の生徒と再び日光に行った時、同じ二階に校長の某氏と間をとった時、初めて知って感激したのであるが、二度目に行った時は、以前中村先生が居られた部屋に私が入り、私の居た部屋に某氏が入ったのであるが、私が前年に居た部屋は、上等な良い部屋だったのに、今度は狭い次の間であった。思えば中村先生は私に客人としての礼を尽され、自らは次の間に下って私を良い部屋に入れて下すったわけであった。私は校長の某氏が良い部屋に収まり、私を次の間に入れ平然たるのを見て、世には良く出来た人間と、良く出来ぬ人間とのあることを、深く感じたのであった。

一九二二（大正十一）年は、松村任三が停年のため自ら東京帝国大学を去って行った年であり、牧野富太郎の大学での居心地も以前よりは良くなった年であった。既に一九一九（大正八）年から東京帝国大学理科大学は東京帝国大学理学部となっていたが、一九二一年頃から牧野富太郎はこの理学部で「植物分類学野外実習」として、分類学実験と野外実習の一部を担当するようになり、積極的に学生たちと接して、今までのように埃のたまった自分の研究室で、こっそり仕事をする必要もなくなった。植物学教室の教官たちは、松村任三に遠慮し余り牧野富太郎とは付き合わなかったが、それでも植物について本当に困ったことに直面すると、牧野富太郎の所へ相談に来るのだった。そこで松村任三が居なくなると教官たちは、牧野富太郎の膨大な植物の知識を少しでも多くの人に広めるために、学生たちへの授業を持ってもらうようにしたのである。また牧野富太郎も、ある時植物採集に行ったら、厚い本を持った先生が秘かに野外実習の下調べをしているのを見付けて、自分なら下調べをしなくてもどのような植物に出会っても大丈夫だと一層の自信を持ったのだった。

この授業は必須科目であったため当時植物学教室へ入学した一年生（二〜七名）は全員受け、さらに二年生や大学院生、医学部の学生から職員までもが参加したため、参加者数は平均して一回二十名ほどにもなった。この授業は必ず日曜日に行なわれる日帰りの植物採集旅行で、七月の日光への旅行を中井猛之進が担当したのを除けば、すべて牧野富太郎が直接行なった。一九二二年の最初の野外実習の時は、特別に藤井健次郎（東京帝国大学教授）も直接参加し、学生たちに牧野富太郎から多くのことを学ぶようにと話した。この時の牧野富太郎は、肘が破けた上着を着て学生たちの前に姿を現わし、人々が言うような自分で蝶ネクタイを結んで上等の服や靴を身に付けた様子はなかった。彼自身、四月頃に冬服の上着と夏服のズボンを身に付けて学生の前に立った時は、「私は今日から高山《たかやま》と名前を変えた。下が夏で、上が冬だからだ」と言って笑わせたほどであった。生活が苦しかった時の牧野富太郎の外見については、娘の牧野鶴代の「父の素顔」（『自叙伝』所収）の中に、次のように書いてある。

けれども、だんだん生活が苦しくなってからは、床屋さんへも参りませず、髪は延ばしほうだい。着物なども、木綿の黒紋付の羽織を着ておりましたこともあり、それがいつしか羊羹《ようかん》色になってしまっているのを私はよく覚えております。また、出掛けるにも和服に深ゴム靴を履きまして珍妙なかっこうでとことこ出掛けていくのです。これは、私の小さい折の想い出ですが、研究中というものは、一切身なり服装にもかまわず、専心的にやっておりました。ほんとうに、父の研究時代というものは、特殊な、おもしろい格好をしておりました。中折れ帽子を被り、冬は二重回しを着ていくのです。

牧野富太郎は学生たちを連れて平塚の海岸や高尾山や御岳《みたけ》へ行き、また初めてムジナモを見付けた場所にも案内した。冬になると、教室や実験室で授業することもあったが、重点はやはり野外で植物を直接観察することにおかれていた。そして植物を詳しく観察し、形や色や匂いや味までもよく覚えておくように教えたのであった。

ある時、当時学生だった木村有香が牧野富太郎を試そうと、ある植物の根を見せ、何であるか当てるように言ったことがあった。牧野富太郎はこの根を入念に観察し、最後に噛んでもいいかと許可を得て噛んでから、北の植物か、南の植物かと尋ねた。そこで南の植物だと答えると、牧野富太郎はすぐグンバイヒルガオだと答えたのだった。その植物は、正に九州以南に産するグンバイヒルガオの根だったのである。牧野富太郎は噛んだ時にサツマイモの味がしたので、すぐヒルガオ科だということがわかったと話した。サツマイモは、ヒルガオ科だからである。また彼は、子供がよく食べて死ぬ猛毒のあるドクウツギも口に含むことさえした。すぐ吐き出したが、驚く人々の前で、噛んで甘い味がしたから子供が食べるのも無理はないと平然として言ったのである。牧野富太郎にとっては、味も植物を知るための重要な要素なのであった。

また牧野富太郎は、学生たちに親切だった。よく学生たちに御馳走したり、彼自身も好きなすき焼きや鰻を食べさせた。特にすき焼きでは、回りの人々が遠慮する程牛肉が好きだった。もっともすき焼きに付きものの生卵は嫌いなので、一切箸を付けず学生たちを不思議がらせた。また一九二三（大正十二）年二月頃には上野にある帝室博物館からの帰りに、不忍池の近くの汁粉《しるこ》屋へ学生たちを誘ったところ、所持金が不足していたため、持ち合わせがあった学生が不足分を補って無事支払いを済ませたこともあった。そして学生たちは、御馳走になったことと共に、このことを思い出として長い間楽しんだのだった。

牧野富太郎は学生たちに親切だったが、植物学が好きで植物分類学を専攻しようとする人には特別だった。植物のことに精通していた彼は、そのような人にしばしば適切な助言を忘れなかった。おそらく大学の教官の中で、一番親切だとも言えるほどだった。彼が「植物分類学野外実習」を始めた時の、第一回の受講生の中に学生の木村有香も居たが、彼は中学生だった一九一七（大正六）年頃から牧野富太郎と文通し、牧野富太郎の話を聞きたいためもあって東京帝国大学へ入学したのであった。そして『大日本植物志』は、中学生の時から彼の愛読書だった。牧野富太郎は植物に関することならどのような無名の人にもすぐ手紙を書く人だったので、今でも彼から貰った手紙を大切に持っている人はたくさん居るにちがいない。牧野富太郎自身は、例えば一つの「属」に属するすべての「種」の標本が日本にある訳ではないので、そのような「種」もあるヨーロッパへ行く必要があるため、日本だけで本当の分類学は出来ないと言っていたが、それでも植物分類学を専攻する学生には、協力を惜しまなかった。従って植物分類学を志している木村有香には特別親切にしたのである。

この木村有香が卒業論文のテーマを貰うため、二年生の一学期の末に先生の早田文蔵（東京帝国大学教授）の所へ行ったことがあった。普通卒業論文のテーマは三年生になってから貰うのであるが、植物分類学の場合は準備がたくさんあるので早く貰う必要があるのだった。この時、早田文蔵はヤナギの分類を卒業論文のテーマとして与えたのである。種の起源の一つとして雑種というものを考えていた早田文蔵は、ヨーロッパでよく雑種を作ると言われるヤナギが、日本でも同様に雑種を作っているかどうか調べるようにと言ったのである。シダ植物を研究したかった木村有香は、がっかりして牧野富太郎の所へ相談に行った。牧野富太郎から早田文蔵が指示した卒業論文のテーマは、やり甲斐があるかどうかを聞きたかったのである。そしてその時の牧野富太郎の言葉が、木村有香の一生を決定することになった。牧野富太郎は木村有香に、「ヤナギの分類は早田のテーマとしては傑作だ。これはやった方がよいし、是非やってもらいたい。しかし、よく言っておくが十年から十五年位なるべく就職しないで一生懸命やってみて日本のヤナギが理解出来たと思うなら、君は学者として見込みがないよ」と言ったのである。就職をしないようにと忠告するのは、いかにも牧野富太郎らしい点と言えるだろう。そこで木村有香は、ヤナギの分類をやることにした。ヨーロッパでのヤナギの雑種は種と種の間の中間形が多く、非常に複雑なので、木村有香はヤナギの株に番号札を付け、同じ株からいろいろな時期に採った葉や花などにすべて同じ番号を付け、どの株からとったものか、すぐわかる工夫をしたのだった。そしてこのように木村有香が、ヤナギの分類をしようと決心する切っ掛けとなったのは、実に牧野富太郎の助言だったのである。

また木村有香が、大学院の三年目を修了して東北帝国大学へ行くように言われた時、行きたくなかった彼が相談しようとしたのも牧野富太郎であった。牧野富太郎は、木村有香の予想に反して東京に留まれとは言わなかった。それどころか「俸給を貰って人間が食ってゆけるのは大したことだから行きたまえ」と東北帝国大学へ行くことを強く勧めた。これは乏しい俸給で貧しい生活しか出来なかった牧野富太郎らしい忠告であり、親切な忠告であった。この時の牧野富太郎には、岸屋での豊かな生活の思い出は全く残っていなかったのである。しかし、彼は次のような約束をすることも忘れなかった。つまり「君は標本もちゃんとあるのだから、仙台へ行って困るのは文献だ、だから文献については私が何とかして応援しよう」と約束したのである。木村有香がこの相談のため牧野富太郎の家へ行った時は、ちょうど彼の長男の結婚式の最中であった。そのため彼は木村有香に祝宴に加わるように勧めたのであるが、事情を知って驚いた木村有香はすぐ辞去した。そして彼が仙台へ行く時の送別会には、植物学教室の教官らと共に牧野富太郎や岡村金太郎らが出席し、仙台へ行ってからは以前の約束通り、ヤナギに関する文献はすべて牧野富太郎から借りることが出来たのである。こうして木村有香にとって、牧野富太郎は忘れることの出来ない大恩人となったのであった。牧野富太郎から植物のことを教えてもらった人が総てそうであったように。

一方、植物に関することならば何でも試してみないと気が済まない牧野富太郎は、一九一八（大正七）年頃から東京で野生植物の試食会まで始めるようになり、翌一九一九年八月二十五日には入江弥太郎との共著で『雑草の研究と其利用』という本を白水社から出版した。さらに一九二二年二月に、大阪の産業開発のため、薬用植物や食用植物の研究所を作るべきだという「大阪植物研究所を設立せよ」という意見書を大阪府庁に提出した。そしてこの年の十二月には、内務省栄養研究所の補食植物調査主任の岡崎桂一郎の推薦で、牧野富太郎はこの研究所の事務取扱の嘱託となったのである。だがこのような場所での牧野富太郎は、本来の仕事とは異なることをしなければならなかった。この機関が余りに牧野富太郎をないがしろにしたのか、あるいは彼がこのような組織では十分働けないと思ったのか、または協力が不得意な彼らしい性質が出て来たのかは不明だが、それから四カ月後の一九二三年三月三十一日に、早くもこの嘱託を辞任しているのである。そして牧野富太郎は、辞任した時に貰った退職金を、このような金は早く使ってしまわないと汚らわしいと言って、採集旅行に来た学生たちに昼食と夕食とを御馳走することに使ったのだった。

また一九二五（大正十四）年には、俵浩三が『牧野植物図鑑の謎』（平凡社新書、一九九九年）の中で、その成立事情を詳細に述べている、牧野富太郎の『日本植物図鑑』が九月二十四日に北隆館から出版され、その翌日の九月二十五日には村越三千男の『大植物図鑑』が大植物図鑑刊行会から発行された。しかも、『大植物図鑑』には、松村任三らが推薦の序文を書いているのに、『日本植物図鑑』の方は三十四枚にも上る正誤表を付けなければならなかった。ここでも、内務省栄養研究所と同じく、牧野富太郎は不本意な仕事をしたのであった。

一九二三（大正十二）年は、様々なことがあった年だった。前々年には原敬が暗殺され、前年にはソヴィエト連邦が成立し、イタリアではファシストの内閣が出来上がっていた。そしてこの年には、第一次世界大戦の打撃から立ち直っていないドイツでフランス・ベルギー両軍によるルール占領が行なわれ、十二月には虎ノ門事件が起こった。だがこの年の日本での最大の事件は、九月一日の関東大震災だった。この震災での牧野富太郎の体験は『自叙伝』にも次のように書かれている。

震災の時は渋谷の荒木山に居た。私は元来天変地異というものに非常な興味を持っていたので、私はこれに驚くよりもこれを心ゆく迄味わったといった方がよい。当時私は猿又一つで標品を見ていたが、坐りながらその揺れ具合を見ていた。その中《うち》隣家の石垣が崩れ出したのを見て家が潰れては大変と庭に出て、庭の木につかまっていた。妻や娘達は、家の中に居て出てこなかった。家は幸いにして多少の瓦が落ちた程度だった。余震が恐いといって皆庭に筵《むしろ》を敷いて夜を明したが、私だけは家の中に居て揺れるのを楽しんでいた。

関東大震災は、牧野富太郎がちょうど標本作りのための重しの石を持った時に襲ってきて、床や梁や、鴨居から鴨居に渡した板の上にのせた標本を、全部下へ落とした。彼の家は、本や標本の重みでよく床が抜けたが、この時ほど徹底的に抜けたことはなかった。そしてこの地震は彼の家と共に『植物研究雑誌』にも打撃を与えたのであった。中村春二の援助で表題も『植物ノ知識ト趣味』となった『植物研究雑誌』第三巻第一号は神田区美土代町二丁目の印刷所三秀舎が全焼したため、牧野富太郎の手元にあった見本刷りの七部以外は、全部焼けてしまったのである。

この『植物研究雑誌』は、どこまでも呪われていた。中村春二は関東大震災で全く金を失っていた牧野富太郎にすぐ三十円の金を貸してくれたが、それと同時にやがて刊行される筈の植物図説のためにも毎月数百円の金を出していたのだった。ところが一九二四年二月二十一日の中村春二の死は、牧野富太郎から植物図説のための収入も、そして『植物研究雑誌』の刊行続行の可能性をも奪ってしまったからである。中村春二は当時の校長の奥田正造を呼び「牧野を援助するように」と言い残していたが、牧野富太郎が秘かに嫌っていた校長はこの言葉を実行せず、援助も消えて、雑誌の出版はまた不可能になったのだった。以前、牧野富太郎を「狭い次の間」へ入れて、彼から「良く出来ぬ人間」と書かれたこの校長も秘かに牧野富太郎のことを嫌っていたのである。

凡人ならここで雑誌の出版を諦めるだろうが、改めて牧野富太郎の非凡ぶりが発揮された。全く不思議なことだが、またしてもこの雑誌を援助したいという人が現われたのである。それは朝比奈泰彦の紹介による津村重舎であった。彼は津村順天堂の主人だったため、そこの生薬研究所である津村研究所から、出版されることになったのである。この奇跡が起こったのは一九二六（大正十五）年三月のことであった。この時、『植物研究雑誌』は四度目の復活をし、第三巻第三号が発行されたのであった。さすがの運命ももう『植物研究雑誌』を呪うことは諦めた。この雑誌は、牧野富太郎のように、試練に遭えば遭うほど益々強くなるのだった。以後『植物研究雑誌』は津村研究所から刊行を続け、一九三四（昭和九）年六月発行の第九巻第一号から編集の責任者が、牧野富太郎から朝比奈泰彦へ代わっても、雑誌自体の出版は影響を受けることなく続けられたのであった。

一方、成蹊学園の植物採集会でも見られたように、牧野富太郎の植物学の知識の普及は一層活発になり、その影響力も増していった。彼は一九一六（大正五）年八月には岡山県新見町へ、一九二〇年七月には吉野山へ採集旅行に出かけると共に、東京植物同好会や横浜植物会の毎月の採集会にも出席し、阪神植物同好会でもよく彼の姿が見られるようになっていた。また地方の大学でも講義をするようになり、一九二六年十月十八日には広島文理科大学へ出かけて行った。

牧野富太郎は広島文理科大学へはよく集中講義に出かけたようで、一九三五（昭和十）年六月二十二日から二十五日にかけての帝釈峡への採集旅行に参加した奥野春雄によると、野外で直接植物を観察しながら、旅館から旅館へと移って行く講義だったようである。この時の牧野富太郎は短期間ながら、気軽に学生たちと接し、写真に撮られ、質問に答え、最後には大学が用意した色紙に「朝夕に草木を吾れの友とせば　こころ淋しき折ふしもなし」という歌を書き記して、一人一人の学生に与えたのであった。

このように牧野富太郎の行動が活発になると共に、妻の寿衛子の行動も活発になった。彼女は、植物学には積極的でも牧野家の経済にはいつも消極的な夫の代りに、自分が何か始めなければならないと決心したのである。彼女が頼りない夫に対して示した行動の素晴らしさについては、牧野富太郎自身の言葉から窺える感謝の気持ちほどよく表わしているものはないであろう。

そこで妻の英断でやり出したのが意外な待合《まちあい》なのです。

これは私たちとしては随分思い切ったことであり、私が世間へ公表するのはこれが初めてですが、妻ははじめたった三円の資金しかなかったに拘わらずこれでもって渋谷の荒木山に小さな一軒の家を借り、実家の別姓をとって〝いまむら〟という待合を初めたのです。私たちとは固《もと》より別居ですが、これがうまく流行《はや》って土地で二流ぐらいまでのところまで行き、これでしばらく生活の方もややホッとして来たのですが、矢張り素人のこととてこれも長くは続かず、終わりにはとうとう悪いお客がついたため貸倒れになって遂に店を閉じてしまいましたが、このころ、私たちの周囲のものは無論次第にこれを嗅ぎ知ったので「大学の先生のくせに待合をやるとは怪《け》しからん」などと私はさんざん大学方面で悪口を言われたものでした。

牧野富太郎も認めるように、寿衛子が東大駒場の近くにある渋谷の花街、円山町《まるやま》に作った待合「いまむら」は、芸妓置屋をしたことのある母あいの血を受け継いだ彼女の才能と要領の良さとのために、そしておそらく最大の原因は牧野富太郎自身が直接経営に関係しなかったために、一時非常に繁盛したこともあった。だが東京帝国大学理学部講師の夫人が、待合を経営するということは、大学に怒りと軽蔑とを引き起こした。そしてこの待合の繁盛ぶりが一層大きな怒りと軽蔑とを引き起こした。寿衛子もこのことを十分わかっていたので、子供達を絶対に「いまむら」には近付けなかった。理学部部長の五島清太郎は牧野富太郎の事情をよく理解しながらも、待合の経営から手を引くことを勧めた。だが生活費を得るために必要だという牧野富太郎の待合に関する信念が、他人の意見などで変わる筈がなかった。しかも皮肉にも反対されればされるほど、待合は益々繁盛したのである。セザンヌは、自分の描く絵で生活出来るような画家は本物の画家ではない、自分の絵で生活出来ず妻に養ってもらうようでなければならないと述べているが、この意味でも牧野富太郎は真の植物学者となったのであった。

しかし牧野富太郎に関する限り、半永久的な経済的保証というものは、運命が許さなかった。岸屋と同じ運命がこの「いまむら」にも待っていたからである。やがて「いまむら」が儲からなくなり、確実な破産に向かって全速力で驀進《ばくしん》するようになると、大学側は拍手をもってこの事態を歓迎した。幸い牧野富太郎より危機と金銭に対して敏感な寿衛子は「いまむら」を早く処分して、まとまった金を手に入れた方が賢明だということに気付いた。そこで店とその権利を売った金を手にすると、彼女はもっと確実な投資をすることを考えた。そして彼女が次に考えた投資こそは、彼女の夫の才能への投資だったのである。

寿衛子が牧野富太郎のために考えていたことは、彼の膨大な植物標本を保存出来るような家であった。そのためこの家は、火事になる危険の多い都会にあってはならなかった。都心から離れていて、植物に囲まれる広さのある家でなければならなかった。そこで彼女は、東京府下北豊島郡大泉村上土支田（現在は東京都練馬区東大泉六―三四―四）に七百坪の雑木林を買った。そして当時は全くの田舎だったこの東大泉の土地に、小さな一軒家を建てたのである。

一九二六（大正十五）年十二月、牧野富太郎はおそらく寿衛子の最も有意義な贈り物である、この新しい家へ移った。彼はちょうど新しく始まった昭和の時代を、新しい土地で迎えたのであった。これは彼が六十四歳になって初めて持つことが出来た、所有権のある自分の土地であった。そしてこれは、彼の植物学の根拠地となるべき土地であった。そしてこれは彼の死後も存続すべき土地であり、存続しなければならない土地であった。

第十四章　学位を得るも妻を失う

今度も牧野富太郎よりも、回りの人々が動き出した。彼らは牧野富太郎よりも、大学内での不当とも言える低い俸給と低い地位に腹を立てていた。牧野富太郎には、どうしても学位を取ってもらわなければならない。牧野富太郎には、どうしてもらわなければならない。それどころか農学博士や林学博士にも、なってもらわなければならない。たとえどれほど彼が嫌がっても、どうしてもこの立派な肩書を付けてもらわなければならない。

牧野富太郎は少しも望んでいなかったのにもかかわらず、回りの人々が黙っていなかった。牧野富太郎は理学博士となることに迷惑さえ感じていたのに、彼らは彼の気持ちを無視した。牧野富太郎は理学博士になることで、人々が彼のことを牧野富太郎としてではなく、理学博士としてしか判断しなくなることを恐れた。なぜなら理学博士はたくさん居るのに、牧野富太郎はこの広大な宇宙の中にたった一人しか居ないからである。

牧野富太郎の学位取得のために積極的に活動したのは、池野成一郎と三宅驥一《きいち》であった。二人は学位を意地になってまで欲しがらない牧野富太郎を説得し、彼が学位を取らないと順序からいっても後に居る人が迷惑するということを口実に、論文の提出を勧めた。もし牧野富太郎が心から学位を不必要だと思っていたとしたら、二人がいかに説得しても、彼に学位を取らせることはおそらく不可能だったにちがいない。しかし、学位については、彼が今まで敢えて権威に逆らって生きてきたという自尊心を、ほんの少しだけ犠牲にすればよいのであった。学問的にも、経済的にも、人間的にも、学位を取って不都合なことは一つもなく、それどころかかえって望ましいことでさえあった。牧野富太郎は、少し誇りが傷付いたかもしれないが、学位請求論文を提出することにした。本論文としては『植物学雑誌』に連載した日本の植物についての研究である「日本植物考察」を挙げ、参考としては『大日本植物志』などを付けた。この論文は一九二七（昭和二）年三月二十五日、理学部の教授会を通り、約二十日後の四月十六日に牧野富太郎へ理学博士の学位を与えることになった。ただし彼は農学博士と林学博士とには、いくら勧められても絶対にならなかった。

ところで学位取得の影響は、十二円の昇給ということによってすぐ表われた。もちろん、牧野富太郎には、このようなことを得意に感じている様子はなかった。それは「鼻糞と同じ太さの十二円　これが偉勲のしるしなりけり」という少々下品な歌にも、そして「学位を押付けられたりして、すっかり平凡になってしまったことを残念に思っている」という『自叙伝』の中の言葉にも表われている。またこの学位取得が東京帝国大学の新聞に載ると、「このように尻尾を出せし上からは　隠れようもなき狸かな」という歌をその記事の側に書き、それを絵葉書にして配ったことにも表われている。

肩書を無理に与えられる人は、自分自身で居ることが出来なくなるのではないかという不安と狼狽とを感じるものだが、植物において本で知るよりは実物を見ることを重んじた牧野富太郎は、人間においても肩書よりは本人自身を重んじたのであった。ただしそのためには自分自身に対して誠実で、自分自身を信じ、自分自身に自信がなければならない。この傾向は、彼の白紙の名刺にも表われている。彼は他人から名刺を求められると、何も印刷していないカードに、自筆で必要なことを書くのであった。おそらくこのような名刺のために、不便で、不本意で、不名誉な経験をしたことも少なくなかっただろうが、彼は変えようとしなかったのだった。

かつて夏目漱石は、彼に博士号を与えようとした文部省の福原鐐二郎専門学務局長に対し

「然る処小生は今日迄ただの夏目なにがしとして世を渡つて参りましたし、是から先も矢張りただの夏目なにがしで暮したい希望を持つて居ります。従つて私は博士の学位を頂きたくないのであります」という手紙を書いて断ったことがある。大学内での環境に関して牧野富太郎よりもはるかに恵まれていた夏目漱石は、学位の問題に関しても余り気張るところがなかった。それに学位を勧めたのも、文部省の役人であった。そのため夏目漱石は自分自身のために学位を断ることが出来たが、他人の気持ちを傷付けることを恐れた牧野富太郎は他人のために学位を取ったのであった。

牧野富太郎への学位授与は方々で話題となり、そのための祝賀会まで開かれたが、大学での事情は余り変わらなかったようである。というのも一九二七（昭和二）年十一月二十四日の『読売新聞』には「牧野博士追ひ出しに　理学部教授の策動」という見出しの下に次のような記事が載っていたからである。

> 厭だといふのに周囲の友人仲間から無理強に押し付けられ二十年前の研究論文を出して苦もなく博士になった例の隠れたる植物学者牧野富太郎氏は東大に助手講師を勤めてから約三十余年その数百種に達する新植物を発見して植物分類学に大きな貢献を与へてゐるが

兎角づぼらな氏の性格が災をなして学校へ出る事は二ケ月に一度ぐらゐ学生や教授に迷惑をかけること一度や二度でないのみならず家庭的にも余り面白くない噂があるので理学部では前学部長五島博士をはじめ諸教授が秘かに氏を追ひ出す算段をめぐらし辞職を強要したとまで伝へられてゐるが之に対し植物学教室の早田〔文蔵〕、柴田〔桂太〕、中井〔猛之進〕等の諸博士が猛烈に反対してゐるため問題は更に渦巻く模様である。

この記事の出た前日の十一月二十三日、牧野富太郎は札幌博物学会が主催して北海道帝国大学で開かれていた、マキシモヴィッチ生誕百年記念会に出席して講演をしていた。午後一時半から始まったこの記念会には、宮部金吾らが出席し、ソ連大使やソヴィエトのアカデミーからの祝電も届くほど賑やかなものであったが、札幌にはこの記念会の盛会ぶり以上に牧野富太郎を驚かすものが待っていた。それは『北海タイムス』に載った「東大の牧野氏　追出しの陰謀　ズボラな性格が禍ひ」という見出しであった。牧野富太郎が全く知らない間にこの記事が書かれるようになった原因は、今日では不明になっているが、このような記事が書かれるだけの雰囲気は大学内に十分あったのである。結局この記事に関しては根拠がないということで、牧野富太郎も大学から追放されるようなことはなかった。牧野富太郎自身も

「蜃気楼人騒がせしまぼろしも　消えて痕なしもとの海山」という暢気な歌を作って、彼に同情的な人々を安心させた。しかしこの記事の発表は、東京帝国大学の牧野富太郎への姿勢がそれまでも変わらなかったし、これからも変わらないことを一般の人々にもはっきりと示したのである。そしてこのことは大学の意向に反し、多くの人々の牧野富太郎への同情を引くことになったのであった。

牧野富太郎にとってこの札幌への旅行は、もう一つの忘れ得ぬ思い出を残すことになった。というのも彼は帰りに盛岡と仙台で植物採集をしたが、仙台で笹の新種を採集することが出来たからである。この笹はひょっとしたらマキシモヴィッチからの運命の贈り物であったかもしれない。やがてこの笹は牧野富太郎が発見した多くの新種の中でも、特に心の中に深く残る運命にあったからである。

学位の授与で始まった一九二七（昭和二）年は、寿衛子の病気で暮れることになった。自分の家も持ち、学位も手に入れて、これから本格的に植物学に取り組めるようになった時、寿衛子は倒れたのである。彼女は牧野富太郎に、経済的・社会的準備をさせるために、現われたような女性だった。そして彼女の役目を果たし終えた時、病気になったのである。すぐに彼女は東京帝国大学医学部の青山外科へ入院したが、原因さえはっきりとはしなかった。

しかも入院費が払えないため、彼女は何度も病院を出たり入ったりすることになり、結局手遅れとなったのだった。最後には青山外科の教授が同情して個室へ入れるようにしたが、一九二八年二月二十三日、五十六歳で死亡してしまったのである。これは牧野富太郎にとって大きな衝撃となった。これはかつてマキシモヴィッチの死を知った時よりも大きな衝撃となったことだろう。それにマキシモヴィッチが死んだ頃の若さと意欲とは、既に牧野富太郎にはなかった。それなのに彼は回りで最も彼を助けてくれる人を失ってしまったのである。寿衛子が死んだ時、彼は「今こそ感謝すべき時である」と言って彼女に心からの気持ちを表わしたが、それは余りに遅過ぎる彼の意思表示であった。

牧野富太郎は、寿衛子の患部を研究のため大学へ贈った。その代り彼は、もっと素晴らしい寿衛子の記念品を見付けたのである。それは仙台で発見した新種の笹であった。この笹を彼は「スエコザサ」と命名し、「ササ・スエコアナ」（*Sasa suwekoana* Makino）という学名を付けて発表した。そのため寿衛子という名は、この笹と共に永遠に残ることになったのである。そして彼女を東京の谷中にある天王寺の墓地に葬り、その墓の側面に墓碑として「家守りし妻の恵みやわが学び　世の中のあらむかぎりやすゑ子笹」という句を刻んだ。また彼はスエコザサを、自分の家の庭にも移植した。彼は寿衛子を失った代りに、スエコザサを手に入れたのであった。

やがて彼の逞しい生命力が、甦って来た。植物への情熱も戻って来た。マキシモヴィッチの死の時もそうだったように、この時も彼を孤独から救い、生きる歓びを与えたのは植物への情熱だったのである。

第十五章　辞職をめぐる謎

一九二九（昭和四）年十月のニューヨーク株式の大暴落で始まった世界恐慌は、第一次世界大戦後の不安定な世界をさらに大きく変えることになった。人々の生活は、急速に経済的に苦しくなり、一部の財閥だけが豊かになっていった。貧しい者は益々貧しく、豊かな者は益々豊かになっていったのである。日本もその例外ではなかったが、一九二八（昭和三）年七月に全国に設置された特別高等警察や多くの検挙事件は、人々の経済面ばかりか精神面をも圧迫していった。さらに同年六月の張作霖爆殺事件に見られるような軍部の動きは、日本全体を大きな戦争へ導いていくことにもなるのであった。

だが牧野富太郎の植物研究に、変化はなかった。それどころか著作も増え、採集旅行も盛んに行なうようになった。一九二八年三月一日に帝国駒場農園園長の田中貢一と共著で大日本図書から出版した『科属検索日本植物誌』では巻末に植物観賞券まで付けて、読者に植物の知識を広めようとした。また同じ年の七月から十一月までは、栃木、新潟、兵庫、鳥取、島根、広島、岩手、青森、宮城、熊本、鹿児島の十一の県で植物採集をし、翌年の一九二九年九月には、早池峰《はやちね》へ、さらに一九三〇年八月には鳥海山へ採集旅行をした。そして満州事変が始まった一九三一年の四月十一日には小石川植物園からの帰りに乗っていたタクシーが衝突し、負傷して東大病院に入院することになった。そのため多少人相が悪くなったが、酒を飲まない牧野富太郎はわずか三週間で退院出来たのであった。また寿衛子が死んでからは、今まで自分の子供をかまわなかった牧野富太郎も、子供達を連れて校正のための印刷所へ行ったり、日光や箱根へも行くようになった。

一九三二（昭和七）年七月には富士山で、八月には九州の英彦山《ひこ》で、また一九三四年七月には奈良県で、植物採集を行なった。そして一九三四年の八月一日から三日にかけて、高知博物学会が主催する植物採集会に講師として招かれたのである。これは大学の講師になった翌年の一九一三（大正二）年四月に佐川へ帰って以来、二十一年ぶりの帰郷ともなった。家族によく「土佐へ錦を飾って帰りたい」と言っていた牧野富太郎は、おそらくこのような機会でもなければ帰郷しなかったであろう。彼は百五十名以上もの人々と共に、横倉山や室戸岬で採集会を楽しんだ。久しぶりの故郷が余りに楽しかったためか、二・二六事件の起こった一九三六（昭和十一）年の四月十一日に、彼は花見をしようと再び佐川へやって来た。佐川での牧野富太郎は岸屋を破産させた男ではなく、郷土の誇りとして皆から迎えられたのであった。そしてそれからの牧野富太郎は、しばしば佐川を訪れるようになったのである。

一九三七年一月二十五日には、一九三四年九月から一九三六年十一月にかけて誠文堂新光社から刊行された『牧野植物学全集』全六巻と付録の一巻に対し、朝日文化賞が与えられた。牧野富太郎に好意的な報道をしてきた朝日新聞社はこのことを大きく報じたが、この決定が下った経緯について彼は次のようなことを『自叙伝』に書いている。

朝日賞の詮衡に当って、新聞社の人が大学の教室に見えた時、柴田桂太博士を始め皆喜んで賛成して呉れたが、只一人某博士のみは私のことを悪口し、散々にこき下したので新聞社の人もその態度を怒り、それにはかまわずに私を推薦したということである。

そして翌一九三八年六月には三宅驥一、川村清一らが中心となって、数え年七十七歳の牧野富太郎の喜寿記念会を開いた。すべての人が牧野富太郎を認め、彼の今までの不遇な生活の埋め合わせをしようとしているかのようであった。しかしすべての人が、牧野富太郎を認めた訳ではなかった。彼が学位の権威を認めなかったように、東京帝国大学も牧野富太郎のことを絶対に認めようとしなかったからである。

一九三九年五月二十五日、牧野富太郎は寺沢寛一理学部部長に辞表を提出した。停年もない一年単位の臨時雇を続けて来た牧野富太郎は、遂に自ら辞任を表明したのであった。一部の教官たちは彼を大学から追放しようと企ててはいつも失敗ばかりしてきたが、やっと彼らの夢がかなったのであった。辞表提出後、数日してから新聞はこの不思議な事件を取り上げた。大学という真空地帯の中で起こった出来事のため、はっきりとした事情を記したものはなかったが、それでも読者に推理力と想像力とがあれば見当がつくくらいの材料は提供してあった。そもそも理学部部長寺沢寛一の代理と称する植物学教室の助手が、牧野富太郎の家へやって来たことが始まりであった。この男は、いつも牧野富太郎が出したがっていた辞表を、早く出してくれないかと催促したのである。しかもこの男の態度には、無礼な点が多かったらしく、それは牧野富太郎が怒り出し、彼の娘の鶴代が泣き出したほどだったと言われている。完全に腹を立てた牧野富太郎は、今まで大学を停めまいと頑張ってきたことも忘れて、すぐ辞表を書くことにした。この助手は、手段に多少の難点があったとはいえ、とにかく役目だけは立派に果たしたのである。ところで牧野富太郎が、寺沢寛一理学部部長へ辞任に当っての挨拶に行くと、理学部部長が全く事情を知らないことがわかり、結局植物学教室の一教授による策動らしいということになったのであった。一九三九年六月一日の『東京朝日新聞』の夕刊には、「〝植物〟の牧野博士　大学から隠棲　半世紀の教壇に訣別」という見出しの下に次のような記事が載っている。

牧野博士は去る二十五日東大理学部に寺沢学部長を訪ひ辞表を提出したのだが、老博士の辞意には大学当局との間にちよつとした経緯《いきさつ》があつた。之は数日前東大理学部長の使といふ人が博士を訪れ辞表の提出をそれとなく求めたのだ、独学で築きあげた世界的学者、月給七十五円の牧野講師が大学を去るとの話は今迄も伝へられたことはあるが、この突然の来客に接した博士は日頃に似合はずかなり憤激、早速辞表提出に至つたのであるが当の博士はこの間の事情については一切語らず

学校では終始圧迫の連続でした、この圧迫に抗してけふまでふん張つて来られたのは全く奇蹟的です、大学出といふのではなく畑違ひの全くの縁故の無い私如きものが四十七年といふ長い間居られたといふのは不思議です、長い間場所をふさいでゐたので学校でも困つたことでせう、新しい人がどん〳〵出て来たし後輩に道を拓くために一年前頃か

らこの春に辞めるとは屢々言つては来たんですが――とにかく二十五日に態々《わざわざ》出かけて辞表を提出して来ましたよ、色々な事情はあるのですがネ

と語るだけの博士、十年前にも理学部教授間で博士追ひ出しの策動があり、一方に反対の猛運動が起つて揉《も》めたことも思ひ出される

この自己憐憫《れんびん》的で何となく大学にやましいことがあるようなことをにおわせる話の後で、牧野富太郎は「長く住みて厭《あ》きし古《ふる》屋をあとに見て　気の清む野辺に吾れは呼吸《いき》せん」という歌を発表した。そしてこのような牧野富太郎の談話と共に、「〝御多幸を……〟両博士の談」という皮肉な見出しで、理学部部長寺沢寛一と植物学科主任教授中井猛之進との意見をまとめて次のように書かれてあった。

辞表は出されてゐるが――決してその間に大学なり理学部なりが非難を受ける筋合ひは無いと信ずるよ、あの方は確かに世界的学者だし一種の〝天才〟とも称すべき人だが世間でも知つてゐる様にいろんな方面で奔放不羈《ふき》な肌合ひの所有者なのだ、それに純情の博士をとりまく人人に種々問題もあるが今度の辞表の真相は――牧野博士は三年程前から「辞

める、辞める」と言ってをられたのだ、「いつ辞められるのか」といふので某氏が本当の気持を聞きに行つたのだが博士の方から「辞表を求めに来たのか」と切出され、かういふ事になつたのだ、この際博士のこれからの御多幸を祈るのみ

この記事を読めば、誰でも東京帝国大学理学部には決して白日の下に晒してはならない、後ろめたいことがあるにちがいないと思うだろう。この新聞記事にも見られるように、何かをほのめかしながら具体的な事をほとんど述べない牧野富太郎の傾向は『自叙伝』にも表われている。

私はもう年も七十八歳にもなったので、後進に途を開く為、大学講師を辞任するの意はかねて抱いていたのであったが、辞めるに就て少なからず不愉快な曲折があったことは遺憾であった。私は今改めてそれに就て語ろうとは思わないが、何十年も恩を受けた師に対しては、相当の礼儀を尽すべきが人の道だろうと思う。権力に名をかり一事務員を遣して執達吏の如き態度で私に辞表提出を強要するが如きことは、許すべからざる無礼であると私は思う。辞める時の私の月給は七十《ママ》円であったが、このことは相当世間の人を驚かした

ようだ。

東京帝国大学は牧野富太郎を辞任させることに成功したが、そのため一般の人々の非難を受けるようになった。大学のやり方は、いまいましいことに牧野富太郎への同情を引き起すことになったのである。大学はとうとう牧野富太郎を追い出せたが、その代償は余りに大きかった。人々は、大学が牧野富太郎の業績に対して苦しみしか与えなかったことを知った。人々は、牧野富太郎が煉獄《れんごく》のような大学に四十七年間も居たことを知って驚いた。牧野富太郎の理解者たちは、彼が大学を去ったことをむしろ歓ばしいことと感じていた。不思議なのは自我の強い牧野富太郎が、このような大学に四十七年間も勤めたことである。確かに大学は牧野富太郎にとって格子なき牢獄であったが、それでも素晴らしい天国だったと言える。もし牧野富太郎が東京帝国大学理学部講師でなかったなら、彼の植物学の研究はもっと困難になったであろうし、おそらく生きていくことも出来なかったであろう。彼自身は大学というものの権威を認めなかったかもしれないが、「東京帝国大学理学部講師」という肩書のために受けた恩恵は有形無形のものも含めてかなりあったことだろう。人間的な関係を結ぶ時も、植物の調査をする時も、この肩書は多くの面倒を彼の手から取り除いたことだろう。一般の人々に植物学の知識を普及する時、この肩書は小学校さえきちんと卒業していない学歴を発表するよりは、はるかに効果があった筈である。牧野富太郎の苦しみは大きかったにちがいないが、大学から得たものも小さくない筈である。大学から得たものは、彼の真の実力に比べれば余りに少なく、余りに負担が多かったが、それでもなお彼が大学に居たことは彼のためにも良いことだったと言わなければならないだろう。そしてここに牧野富太郎の悲劇と喜劇、不幸と幸福もあるのである。かくてとうとう牧野富太郎は東京帝国大学をやめた、とうとう……。

第十六章　『牧野日本植物図鑑』の完成

一九四〇（昭和十五）年は、既に日本国内も戦争に巻き込まれていた年だった。中国との戦争の見通しは暗かったし、ヨーロッパで始まっていた第二次世界大戦の影響も表われつつあった。この年の七月に成立した第二次近衛内閣は「大東亜共栄圏」建設の声明を出し、二カ月後には日独伊三国軍事同盟条約がベルリンで調印された。さらに十一月十日、十一日には「建国二千六百年」の祝典が日本各地で挙行された。もはや日本全体が、大きな戦争へ突入しようとしていることは誰の目にも明らかであった。しかし誰もが、そのことに気が付かない振りをしていた。

この年、牧野富太郎は宝塚熱帯植物園へ出張したり、九州で植物採集をしたりしていた。同時に日本の食糧事情も考えて、食用とすべき野生植物の知識の普及にも熱心だった。だが不本意な大学辞任という精神的衝撃の後には、肉体的衝撃が襲って来たのである。

同年の九月、福岡・大分県境の犬ケ岳でシャクナゲを採集しようとした牧野富太郎は、崖から落ちて重傷を負った。それは脊髄を打ったため、普通の人なら即死するほどの怪我だった。植物採集は牧野富太郎にとって、正にその真の意味においても命がけの仕事だったのである。しかし、〝植物の精〟が植物のために命を失うことはない。彼はすぐ快方に向かい、三カ月後の十二月三十一日には、保養していた別府温泉を後に帰京することになったからである。

こうして牧野富太郎が命がけの事件に遭っていた頃、もう一つの彼の命がけの仕事が完成しつつあった。一九四〇年九月二十九日に『牧野日本植物図鑑』が、北隆館から出版されたのである。この図鑑は一九三一(昭和六)年一月二十七日から書き始められ、十年目の一九四〇年三月三十一日にやっと脱稿した牧野富太郎の代表作である。この図鑑ほど、牧野富太郎の本に対する執念が発揮されたことはなく、この図鑑ほど牧野富太郎の知識が集約されている本はない。校正だけで五回も六回もくり返された。そのため牧野富太郎の十分な努力の他に、三宅驥一、向坂道治、佐久間哲三郎らも彼を助け、川村清一、山田幸男、岡村周諦、佐藤正己らも巻末の隠花植物の部を分担した。おそらく牧野富太郎の著作の中で、この図鑑ほど多くの人々に読まれ、これからも読まれる本はないだろう。人々は植物図鑑に牧野富太郎の名前があるかどうかを確かめて買うようになり、その名前があれば何となく安心するのである。植物の知識を広めたいという牧野富太郎の願いを、この図鑑は本人以上にかなえることになった。その意味でこの図鑑は、牧野富太郎の分身とさえ言えるかもしれない。そしてこの図鑑がある限り、牧野富太郎の業績も、また彼の植物への情熱も、人々から忘れられることはないのである。『牧野日本植物図鑑』の完成は、単なる一植物図鑑の完成ではない。これは、いつでも、どこでも植物に関して直接に対話をするもう一人の牧野富太郎の誕生であり、永遠に生き続ける彼の植物知識の象徴でもあるからだ。

牧野富太郎は、植物を愛した植物学者であったが、特にサクラを愛した植物学者であった。それは一九〇二（明治三十五）年東京でソメイヨシノの苗木を数十本買い、ヤマザクラしかなかった高知へ送り、高知五台山や佐川に植えさせたことや、一九一九（大正八）年北海道産のオオヤマザクラの苗木を百本も買い、帝室博物館に寄贈して上野公園に植えさせたことからも窺えるだろう。そのような牧野富太郎の所へ、満州の吉林省から老爺嶺の桜を見に来るようにという案内状が送られて来たのである。

七十九歳の牧野富太郎はすぐに出かける決心をした。前年の怪我も、高齢も、「満州国」

という遠い国へ行く危険も、台湾旅行以来の大旅行になるという不安も、サクラの魅力の前にはたちまち吹き飛んでしまった。こうして牧野富太郎と娘の牧野鶴代との「満州国」のサクラ調査のための旅行は、一九四一(昭和十六)年五月三日から六月十五日にかけて行なわれたのであった。

二人は、東京から臨時特急の「つばめ」で神戸へ行き、神戸からは日満連絡船の黒竜丸に乗って出発した。荷物はスーツケース一つだけだった。もっとも胴乱や野冊等の植物採集のための道具を除けばであるが。満州での旅行は満鉄総局の自動車局局長が準備し、満州野草会などが、二人の歓迎を引き受けた。超人的とも言える牧野富太郎の健康体力をもってしても、最後には毎日の植物採集と、徹夜の押し葉作りと、熱狂的な歓迎への対応とで疲れ切った様子を隠せなくなった。だがこの旅行で牧野富太郎が採集した標本は約五千にも及び、そのため帰りの荷物は柳行李が八個も増えることになった。一番の目的であった満州のサクラは、彼の期待を裏切らない素晴らしいものだったので、彼は次々とそれらにふさわしい和名を付けていった。特に老爺嶺のサクラは、チフスの予防注射のため発熱し四十度ほどになっていたにもかかわらず、見に出かけたものだったが、彼は十分それだけの価値を認めたらしく「老爺嶺今日ぞ桜の見納めと　涙に曇るわが思いかな」という歌まで作ったのであった。

一九四一年六月十五日、黒竜丸で門司に着いた牧野富太郎は、今度は民間アカデミー国民学術協会からの歓迎を受けることになった。『牧野植物学全集』や『牧野日本植物図鑑』などの業績に対し、彼を表彰することになったからである。しかしこの年に見られた牧野富太郎への歓迎ぶりで最大のものは、「牧野植物標本館」が出来たことであろう。

これは生花の家元、安達潮花による寄贈で出来たものだが、同時にこの標本館により妻の寿衛子からの贈り物が完成したことになるのである。さらに池長孟が、池長植物研究所にある三十万点の標本の返却を申し出たことで、牧野富太郎の植物研究の成果が一カ所に集まることになったのだった。寿衛子は死後十三年目に、彼女の願いであり、牧野富太郎の願いでもある標本館を中心とした植物園を遂に作ってみせたのである。牧野富太郎の家の敷地に木造で建坪三十坪の赤い屋根の標本館の建築が始まると、東京植物同好会や動物学者の田中茂穂、歌人の中河幹子などが手伝いに来た。こうして牧野富太郎の庭は、彼の植物研究の象徴であると共に、彼の人間関係の象徴ともなったのであった。

一九四一（昭和十六）年は、牧野富太郎にとって素晴らしい年となった。そして余りに素晴らしい年だったので少しぐらい不幸になっても文句の言えない年となった。しかし余りに大きな不幸はどのような幸福をも忘れさせてしまう力をもっている。日本の陸軍部隊はマライ半島に上陸作戦を開始し、フィリピンのアメリカ空軍基地を爆撃した。そして日本の海軍はハワイ真珠湾のアメリカ太平洋艦隊を奇襲した。政府が「大東亜戦争」と呼んだ戦争が始まったのである。

四年間に及ぶ太平洋戦争は、牧野富太郎の生活にも影響を与えない訳にはいかなかった。戦争の間も、彼の植物研究は続けられた。一九四三年には『植物記』、翌年には『続植物記』が共に桜井書店から出版された。彼はどのように戦争が激しくなっても、自分の研究のすべてがある東大泉の家から動くつもりはなかった。死ぬ時も、自分の家で死ぬつもりだった。家を離れることは、死ぬことよりも恐ろしがった。そしていつも「わしは標本と書籍と心中してしまうのだ」とか「本は命より大事だ」とか「ここで一緒に死ぬのだから疎開することはない」とか言っていた。こうして牧野富太郎は、一九四五年四月まで東京の自宅で頑張った。しかしB29による東京の空襲は、牧野富太郎の自宅に居たいという意志よりも強力なものであった。大泉師範学校と間違えられたためとも言われているが、牧野植物標本館の一部が爆撃で破壊されると、さすがの牧野富太郎も不本意ながら東京を離れることを考えるようになった。植物研究のためにも、標本や本より生命の方が大切なことに、やっと気が付いたからである。そこで彼が東京帝国大学に居た頃まだ学生だった篠遠喜人《しのとおよしと》の説得で、山梨県北巨摩《こま》郡穂坂村にある篠遠喜人の親戚の家へ疎開することになった。韮崎《にらさき》の駅で、牧野富太郎と娘の牧野鶴代と藤井健次郎とを迎えた篠遠喜人は、牧野富太郎と藤井健次郎とをリヤカーに乗せ、皆で押しながら疎開先の農家の養蚕室まで運んで行った。牧野富太郎はその中に標本と本とを並べ、リンゴ箱の上でものを書きながら毎日を過ごすようになった。その間も牧野鶴代は、一日か二日おきに東大泉の自宅から荷物を運んで来た。同時にこの農家の縁側では、富士山を回って東京へ爆撃に行くB29を、日に当りながら並んで眺めている牧野富太郎と藤井健次郎の姿がよく見られるようになったのである。

一九四五年八月十五日の太平洋戦争における日本の敗戦を、栄養失調になっていた牧野富太郎が知ったのもこの疎開先であった。戦争が終り、東京が安全になったことを知った牧野富太郎は一刻も早く自分の家へ帰ることにした。そして二カ月後の十月二十四日にはもう東大泉の自宅に戻っていた。たちまち元気になり、もう自分に残されている時間が限られていることも知った牧野富太郎は、自分の今まで得た植物の知識を少しでも多く書き残すために、時間を惜しむように執筆を開始した。戦後の日本の混乱も牧野富太郎の著作量を減らすことは出来なかった。

一九四七年六月三十日には『牧野植物随筆』が鎌倉書房から、一九四八年七月十五日には『趣味の植物誌』が壮文社からそれぞれ出版され、十月七日には皇居で御進講も行なった。それと共に、『孟子』の「原泉混混不舎昼夜盈科而後進放乎四海」という文より題名をとった『牧野植物混混録』（Makinoa sive plantae notae miscellaneae）という個人雑誌の刊行まで始めた。これは『博物叢談』を作り出してから様々な雑誌と関係してきた程雑誌の好きな彼が、思い出話や随筆などを載せるために自費で発行したものであった。彼は遂に、自分だけのための贅沢な雑誌を作ったのである。この雑誌について彼は次のようなことを書いている。

右の混混録は著者多年蘊蓄せる植物の知識と、著者の新研究に依て得た知識とを綜合し宛かも泉の混混として湧き出づるが如く、平易なる文章、簡明なる文章、趣味饒《おお》き文章を以て綴り、且図を入れ、以て博く世に紹介せんとする著者の個人雑誌である。幸に世間の諸君子特別に好意的購読を賜われば著者並に発行者の悦び且光栄之れに過ぐるものはない。

一九四九（昭和二十四）年には『学生版　牧野日本植物図鑑』が北隆館から刊行されると同

時に、数え年で八十八歳になった牧野富太郎を祝う米寿祝宴が京橋バンガローで開かれた。また『植物学雑誌』の第六十二巻第七二九・七三〇号は「牧野博士米寿記念号」となり、日本植物学会会長小倉謙の「牧野富太郎博士の米寿を祝す」という祝辞も載せられた。

しかしこの年は、危険な年ともなった。六月に急性大腸カタルで倒れた牧野富太郎は、危篤状態となり、医者まで臨終を宣言したからである。酒を飲まない代りに、彼を精力的にしていたすき焼きや鰻をたくさん食べたためだろう。だが死神も牧野富太郎を見くびっていたにちがいない。死神がちょっと油断した隙に誰かが死後の処置として大量に水を含ませた時、彼はそれを飲んで息を吹き返したからである。死神は地団太踏んで、牧野富太郎を諦めなければならなかった。そして牧野富太郎は、たちまち元気になった。こうして一九四九（昭和二十四）年も無事に過ぎていった。

一九五〇（昭和二十五）年、『図説普通植物検索表』が千代田出版社から出版されると共に、この年の十月六日、牧野富太郎は「老人たちの仲間入りをするのか」と言いながらも、日本学士院会員に推薦された。そして翌一九五一年一月には「牧野富太郎博士植物標本保存委員会」が、文部省によって設置されることになったのである。牧野富太郎の膨大な標本となった植物は、学問的にも審美的にも欠点が付けられないものであったが、難点が一つだけあった。それはこの植物に簡単なメモしかないものや、何の記載もないものが非常に多かったことである。もちろん、牧野富太郎は採集年月日や場所や同行者などの標本に関して必要なことはすべて知っていたが、牧野富太郎が居なくなるとこれらの資料が不明となり、標本としての価値もなくなる可能性があった。牧野富太郎自身もこのことに不吉な予感を感じ、一九三五（昭和十）年に標本をちゃんとした形で保存しようと考えたことがあったが、『植物研究雑誌』の編集などで得た読者からの購読料さえ私的に使用していたため、とてもそのような余裕はなかったのである。だが今度は、遅くなったとはいえ文部省が三十万円の予算を出して、朝比奈泰彦を委員長に、武田薬品工業の富樫誠を専任助手として、一年間ほど牧野富太郎の標本を整理することになったのであった。これは牧野富太郎の今までの人生の保存でもあり、日本の植物学の主な業績の保存ともなった。牧野富太郎の存在の主要部分は、こうして価値を落とすこともなく、いつまでも生き続けることが出来るようになったのであった。

牧野富太郎の標本の整理が始まった一九五一年七月に、首相の吉田茂が発案した、文化功労者に文化年金を出そうという考えが法制化された。当時文化勲章を受章していた生存者三十五名と、長島愛生園園長の光田健輔と共に、牧野富太郎も生きている限り五十万円の年金が貰えるようになったのである。植物学で金を得ようとしなかった牧野富太郎に、やっと植物学の方から金を与えようとし始めたかのようである。しかし、それにしては、今までの牧野富太郎の生涯を考える時、余りに遅過ぎ、余りに少な過ぎる額であった。だが牧野富太郎は、金があっても、なくても、経済的に衝撃を受けるような人間ではない。恵まれた青年時代と、余りに過酷だったそれ以後の時代を経た牧野富太郎は、金銭から受けるあらゆる打撃に免疫がついていた。おそらく牧野富太郎は、この年金を淡々として受け取ったことだろう。牧野富太郎にとって、世俗的な名誉や収入などはたちまち植物学への情熱の前では色あせてしまったことだろう。だがこの文化年金のおかげでやっと彼が貧乏から解放されたことも事実であった。

しかし、世間は牧野富太郎を放ってはおかなかった。今まで彼の仕事に理解を示さなかったことを隠すかのように、牧野富太郎を賞賛し始めたのである。一九五二年には佐川に、当時の衆議院議長林譲治の筆になる「牧野富太郎先生誕生之地」の記念碑がかつての岸屋跡に建てられた。また翌一九五三年には佐川小学校の校庭に、吉田茂の題字による牧野富太郎の胸像が作られ、同じ年の十月一日には最初の名誉都民として表彰された。このように遅過ぎるが、完全に遅れてしまった訳でもない名誉の続く間にも、著書の出版は続けられていった。一九五三年一月には北隆館から『原色少年植物図鑑』が、やはり同じ年の七月には清水藤太郎との共著で和田書店から『植物学名辞典』が刊行された。

一方、晩年になってからも衰えることのない彼の仕事ぶりに、肉体が復讐をする時がやって来た。一九五三年一月に流感で寝込んだ牧野富太郎は、肺炎になって危篤になったからである。だが牧野富太郎の九十歳の肉体は凡人の九十歳の肉体とは違っていた。ペニシリンの力で四月にはすっかり元気になった牧野富太郎は、自分が猫のように九つも命があることを証明してみせたからである。

さらに牧野富太郎からすぐ感じられるものは、人を楽しませようとする彼の無邪気な努力である。植物採集会の時、猿の小屋の前で猿の真似をしては皆を笑わせたように、彼はいつも人を楽しませることが好きであった。そのため花が生殖器であることを強調し、マツタケをペニスにたとえ、大学の標本室では標本の後ろへ隠したペニスの石像を訪問客にこっそり出して見せたりしていた。また同じように植物採集会では、干してある萎びた大根を見ると、参加者の一人のペニスにたとえて、名誉をひどく傷付けられたその参加者と口論になることもあれば、自分は死ぬまで妻を性的に困らせることがなかったことを自慢することもあり、猥談で人を笑わせることもあった。ある時には、人が見付けた見事なヤマウルシを羨ましそうに手で撫で回して、そのまま手を洗わずに便所へ行ったため大切な自分のペニスを腫らしたこともあった。

しかしこのような逸話に何となくわざとらしい感じがして素直に笑えないのも、余りに牧野富太郎の善良さや他人を楽しませたい気持ちが先行し過ぎて、本来のユーモアが追いつかないためであろう。牧野富太郎は、性については植物に関するほどの情熱も注がなかったし、真剣にも考えなかった。そのため彼の性に関する考え方は、皮相的で当然過ぎるものであり、説得力にも乏しかった。彼は性を自然なものとして、隠すのは良くないが押し出し過ぎるのも良くないと考え、特に恋愛至上主義は間違っていると強調していた。それはニーチェのように恋愛中の人間は正常な状態でないから恋愛結婚は法律で禁じなければならないと考えていたためではなく、雄と雌とは互いに愛し合うように天が配剤しているからわざわざ恋愛などする必要はないという宿命論的な考えによるためであった。このような恋愛に対する無関心な態度は、性に対する無関心ともなった。牧野富太郎はしばしば猥談をしたが、それを実行することはなかった。これは他人を楽しませるために話しているのに過ぎず、自分が楽しむために話しているのではないからである。

従って彼の性に関する考え方が浅いことも、また彼の性に関する逸話がわざとらしくて退屈なことも、当然のことと言えるだろう。彼には、性を語る時に必要な説得力のある神秘的な妖艶さも、何かを隠そうとする時に感じる後ろめたさもなかったからである。自分自身に正直であり続けた牧野富太郎は、他人に対しても何一つ隠すことがなかった。そのため性の不思議な神秘性までも失われ、彼の性に関する逸話は何となく場違いな感じさえ与えるのである。本質的に牧野富太郎は性に無関心なだけでなく、無関心であり続けようとさえしていたのであった。

この点、性というものに関心をもって、一層真剣に取り組もうとした南方熊楠《みなかたくまぐす》の態度と、牧野富太郎の態度とは、はっきりと異なっている。南方熊楠は、牧野富太郎のような抜群の記憶力と、驚くべき博識ぶりと、信じ難い野人ぶりとを備えているのに、牧野富太郎は彼を嫌っていたと思える点があるからなのである。つまり牧野富太郎は、南方熊楠について「花と恋して九〇年」の中で次のようなことを述べているのである。

南方とは余り交渉がありませんでした。初めから彼とは会いたいという気持ちもしませんでした。ある時南方のことを雑誌に書いて柳田（国男）さんに怒られましたよ。南方が言うのに、女房と一緒に寝たりするのは、研究のためにやるのだ、と誰かが言いました。

元来紳士であり、少なくともそのように振舞っていた牧野富太郎は、特に南方熊楠の無礼とも言える行動に、我慢出来ないものを感じていたことであろう。粘菌類を森永ミルクキャラメルの化粧箱に入れて天皇に献上した南方熊楠を、牧野富太郎は許さなかった。高野山で講演するため演壇に上がった時に、いきなり勃起した自分のペニスを見せ、皆さんこれが何か知ってますかと尋ね、唖然としている僧侶たちを前に、私の話はこれで終りと言って平然と退場した南方熊楠を、牧野富太郎は絶対に許さなかった。牧野富太郎と南方熊楠という一見類似点が多いように見えるこの二人の人物像には、本質的に違うものがあったのである。したがって二人が理解し合うこともなかったし、理解し合えることはあり得なかったのであった。

晩年になり、起きていることが不可能になるまで牧野富太郎は、著作のための執筆と野外での植物採集を続けた。殊に植物採集は、彼が生涯を通じて真剣に打ち込んだものであった。そのため生命の危険や法的な危機にさらされることも少なくなかったのである。少年時代には激しい雨の中を四日間も野宿を続けて採集したこともあれば、採集中にスズメバチの大群に襲われ、一度に十カ所以上も刺されて苦痛のため、眠れぬ夜を過ごしたこともあった。また珍しい植物を見付けると、他人の庭の中にあっても平気で入って、持って来てしまうこともあった。だが運悪く本当の植物の所有者に見付かった場合には、心から謝まって許してもらうことも忘れなかった。

採集をする日は朝早くから目を覚まして、遠足に行く小学生のように嬉しそうに出かけて行った。採集会の人々を楽しませるために、そして何よりも自分自身が楽しむために。しかし、帰って来ると、徹夜で標本作りに取りかかるのである。まず根を水で洗い、その後で、丁寧に台紙に貼るのであった。彼はこのように押し葉を作ることに重点をおき、採集会の人が乱暴な押し葉を作ると腹を立てた。また押し葉とは、絵を描くように作るのだともよく言っていた。こうして彼は、常に採集して来た日に標本を作ることを忘れなかった。そうすれば美しく完全な標本が、出来るからである。カビがはえると、巧みに筆を使ってアルコールで洗った。彼は標本を作り、標本を整理しながら植物のことを理解していった。ただ植物の名前を知るだけではなく、その植物に関する総てを知ろうとしたのである。牧野富太郎が植物の名前の由来を尋ねられてもすぐ答えられたのは、彼が植物の名前だけでなく、その総てを知ろうとしていたためであろう。例えば、少年と一緒にある草を引っぱってみては、馬をつなげるほど丈夫な草だということを示してコマツナギというその草の名前を教えたり、オキナグサという名前は花の後で実が成熟すると老人の髪のように白くなるからだと話したのは、牧野富太郎が結果よりも過程を重んじ、単に植物の名前だけを知ってもらいたくないと思っていたためだろう。そのため牧野富太郎から植物の名前を聞いた人は、そのことを絶対に忘れなかったにちがいない。牧野富太郎が話したことは、植物の名前のことではなく植物そのもののことであり、植物の知識ではなく人間の知恵だったのだから。

しかしこのような牧野富太郎を批判する人も居た。例えば〝尾瀬の主〟と言われて有名な平野長蔵は牧野富太郎がいつも尾瀬の植物を大量に取っていくことにひどく腹を立てていた。それも何頭もの馬を連れて来て、植物の種類ごとに、一本や二本ではなくかなりの数を採集していくからだった。そのためこの老人に怒鳴られたことさえあった。

また彼の植物の知識にも、かたくなに訓話的で、現実を無視しているところがあった。馬鈴薯について、小野蘭山はジャガイモのことだと言っているが、これは中国ではホドイモのことで、これは馬を鹿と言うようなものだと『随筆　植物一日一題』の中で牧野富太郎は断言しているからである。ところが、実は馬鈴薯をホドイモと呼ぶことは、中国でも余り知られておらず、辛亥革命以降は、日本からの逆輸入で、本家の中国までも馬鈴薯はジャガイモを意味するようになったのであった。

しかしこのような牧野富太郎に、植物採集が出来なくなり、標本が作れなくなる時が来るとしたら、それは彼の存在が疑われる時にもなる。牧野富太郎自身、そのことについて誰よりもよく知っていた。だが、この残酷な時は、牧野富太郎のところへも遂にやって来たのだった。

ある時、採集会にやって来た牧野富太郎は、胴乱の中に前の採集会で採集したままにしておいたため、枯れてしまった植物を見付けたのであった。いつも一種類の植物でも大量にとって胴乱を一杯にしていた彼にも、とうとう採集した日に標本を作ることを忘れてしまった日が来たのである。これは居合わせた誰もが信じられないことであり、特に牧野富太郎自身には信じられないことであったし、また信じたくもないことでもあった。彼は胴乱の中の植物を捨てながら「とうとう俺も、このような事をするようになってしまった」と思わず呟いた。これは痛ましい瞬間であった。植物学者として絶対の自信をもっていた牧野富太郎が、自分で植物学者としての存在を疑わなければならなくなったのである。これは植物学者としての牧野富太郎の死が、遠くないことを意味していた。そして「私は植物の精である」という随筆の中で、〝草木の精〟とも自認していた牧野富太郎の植物への情熱が消える時こそ、彼の肉体も同じ運命をたどらなければならなかったのである。人並みはずれた植物への情熱と、不死身とも思える頑強な肉体とは、一緒にこの世に生まれたように、やがて一緒に去って行くのであった。

第十七章　〝植物の精〟

一九五四（昭和二十九）年の牧野富太郎は、何かに憑かれたように毎日夜遅くまで仕事をしていた。自然を認める人が死を認めるように、そして死を認める人が生の時間の限界を認めるように、牧野富太郎も自分の死というものを秘かに自覚していた。そのため九十二歳という自分の年齢のことも考えず、自分の肉体を酷使した。牧野富太郎の肉体は、生涯を通じてそうであったように、どこまでも彼の植物への情熱の忠実な奴隷であった。だがその肉体の底知れぬ忠誠心をもってしても、彼の情熱に応えることは出来なかったのである。ある日遂に彼の肉体が、彼の情熱に応えられなくなる時がやって来たからである。

一九五四年十二月の末に、牧野富太郎は発熱して寝込むようになった。既に十一月に風邪をひいていたのだが、悲鳴をあげる肉体を精神の命令にいやおうなく従わせることの出来る卑しい道具の一つと考えて、無理を続けたために、遂に気管支肺炎まで起こしてしまったのであった。そもそも牧野富太郎のような高齢者が風邪をひくこと自体、致命的であった。風邪をひいた高齢者は、風邪をひく前の状態に戻ることが、ほとんど不可能だからである。そしてこのことは、牧野富太郎にとっても例外ではなかった。彼はもはや以前のように、執筆を続けられる健康状態には戻れなかったからである。

東京大学医学部の物療内科の手当てで、牧野富太郎の熱は下がった。だが解熱した後には、牧野富太郎にとって一層苦しい状態が続くことになった。つまり床の中で、養生をすることになったからである。彼は元気に寝ていることは出来ても、元気に起きて執筆することは出来なくなったからである。しかし、このようなことを気にする牧野富太郎ではなかった。彼は時々こっそり起き上がっては、書斎で仕事を続けようとしたのである。だが今度は、今まで無視され続けてきた彼の肉体が、腹を立てることになった。どのように秘かに書斎へ行こうとしても、彼の肉体は大きな音をたてて倒れることになったのである。とうとう牧野富太郎の情熱は、彼の肉体の前に屈服した。以後、彼は死ぬまで自分の情熱を、仕事の形で残すことは出来なくなった。そして、牧野富太郎の情熱が肉体を負かすことのないように、監視のための看護婦まで付けられることになった。

しかし牧野富太郎は、いつまでも肉体の思う通りになっていなかった。植物の研究と共に人間関係も大切にしていた牧野富太郎は、年賀状を書くために寝床の上に机を持ち込み、その上で葉書を書いたからである。彼が無理をして書いた年賀状が届けられた一九五五（昭和三十）年の元旦に、牧野富太郎は牧野鶴代と看護婦とに連れられて茶の間へ行き、そこで土佐流の雑煮を食べた。この土佐流の雑煮こそ、料理に一切関係しなかった彼が自分で必ず味見した唯一の料理であった。これはたくさんの鰹節を入れ、砂糖と醤油を加え、さらにたくさんの鰹節をかけるのであるが、自分で作らなくても味見を忘れなかったことで、彼がいかにこの雑煮を好んでいたかがわかるだろう。そしてこれが牧野富太郎にとって、茶の間での最後の食事ともなったのであった。

それからの牧野富太郎は、寝たまま植物図鑑の訂正をしたり、見舞いにやって来た客に会ったりすることで毎日を過ごすようになった。植物の図も、山田壽雄《としお》という気に入りの画家に描かせるようになった。やがて気候が暖かくなると、多少健康状態も良くなった。五月十六日には、レントゲン検査のための機械が牧野富太郎の家へ運ばれ、彼の身体をX線で撮影した。すると一九四〇（昭和十五）年九月に九州で重傷を負った時、背骨を二カ所も骨折していたことがわかった。これは医者や家族を十分驚かすだけのことはあった、彼の生命力の証明であった。彼の肉体の酷使ぶりも、凡人には真似の出来ないものがあったのである。

一九五五年七月に以前より元気になった牧野富太郎は、彼の主要な啓蒙活動の一つであり、大きな生き甲斐ともなっていた植物同好会のことが気になるようになった。牧野富太郎を中心にして出来上がっていたこのような植物同好会は、戦争が終ってからも休会の状態だったからである。だが、もはや彼は皆と植物採集が出来る状態ではなかったため、以前の同好会の人々と相談し、牧野富太郎を名誉会長にして、実際の会長には朝比奈泰彦になってもらうことが決められた。そして朝比奈泰彦が会長を承諾すると、幹事に笠原基知治と川村カウとがなることになり、七月十日に再発会式が行なわれることとなった。

七月十日は暑い日であったにもかかわらず、佐竹義輔、佐藤達夫、伊藤洋、久内清孝など二百五十名もの同好会の会員たちが集まり、「牧野植物同好会」が正式に発足した。さらにこの日は清瀬での植物採集が行なわれ、会員たちは採集に行けない牧野富太郎に見せるため、たくさんの植物を彼の枕元へ持って来たのだった。そして牧野富太郎は、彼が発展させてきた植物同好会が消滅しないことを知り、彼の死後も存続してゆくことを知ったのである。これは植物が枯れても、その種から新しい植物が育つように、新しい牧野富太郎の復活ともなったのだった。

一九五六年元旦のための年賀状は、寝たまま書くことになった。そしてこの年の牧野植物同好会の新年会の日には、大雪にもかかわらず多くの人が牧野富太郎の家へやって来たのである。その後、皆が新年会の会場であるみずほ幼稚園へ行ってしまうと、牧野富太郎は突然雪を見るために起き上がりたいと言い出した。また医者も、見たいものは今のうちに見せておいた方が良いと思って許可したので、彼は牧野鶴代と看護婦とに抱き起こされて、どうにか庭の雪を見ることが出来たのだった。そしてこれは彼が見た最後の雪となり、彼が起き上がれた最後の時ともなったのである。

この年の四月二十四日には数え年九十五歳の誕生日を祝った。彼が生きている間に迎えることの出来た最後の誕生日を、彼は名誉都民として東京都から貰った白羽二重《はぶたえ》を赤く染めたものを着て過ごし、その姿はニュース映画にも撮影された。だがこの四月の出来事の中で最も牧野富太郎を歓ばせたものは、風当りがやわらかいので植物に適していると彼が以前から言っていた高知市五台山に牧野植物園と温室記念館との設立が決まったことであろう。しかし牧野富太郎自身は、遂に生きて高知へ行くことはなかったのであった。

五月になると、再び牧野富太郎の健康状態が悪化した。発熱が何度か起こり、六月二十九日の呼吸困難は、強心剤のおかげでどうにか乗り切ったが、七月六日の発熱と呼吸困難には心臓衰弱までが加わり危篤状態となった。だが強心剤と酸素吸入、それに何よりも牧野富太郎自身の強靭な生命力のため、この危機さえも切り抜けることが出来たのだった。でもこれは、彼が切り抜けることの出来た最後の危機ともなったのである。

八月には体力の消耗から肉が落ち、歯がゆるんで一本抜けてしまった。九十四歳になるまで完全に揃っていた牧野富太郎の歯は、この時にやっと欠けたのであった。歯が抜けた後のひどい出血は、血止めの新薬で止まった。そして彼は少しではあるが回復し、食欲も増すようになった。九月になると名誉都民である牧野富太郎のため、東京都は牧野標本館を東京都立大学内に建設することにした。牧野富太郎の生涯そのものである標本の完全な整理と保存とが、決められたのである。かくて牧野富太郎の肉体的な生死とは関係なく、彼の植物学での研究業績は生き続けることになったのであった。

十月十一日の昼頃から、急に牧野富太郎は発熱した。それは腎盂炎や腎臓結石を併発し、尿閉塞まで起こしてしまったからである。だが今度の病状の悪化は、それまでの病状の悪化とは決定的に異なるところがあった。それは牧野富太郎の衰弱が、激しかったことである。毎日毎日、彼は、はっきりと弱まっていった。十二月十七日には、心臓喘息を起こし一層弱まった。十二月二十三日には、髭を剃ることを要求した。そして髭を剃られると、「きれいになったから、お客様が見えても大丈夫」と言って機嫌が良くなった。それから彼はいろいろな話をし、最後には「植物の写真を持って来てくれ、これは枕元の引き出しに入っている」と言い、その写真を見ていたが、これ以上疲労させないために医者が睡眠薬で眠らせることにした。これは彼の最後の会話であった。以後彼は、少しずつ水を飲んでは眠り続けることになった。牧野富太郎の肉体も生命力も、確実な死の前で抵抗を諦めたかのようであった。かくして一九五七（昭和三十二）年の年賀状を牧野富太郎は遂に書くことがなかったのである。

一九五七年は、ソ連が人工衛星スプートニクの打ち上げに成功した年であり、南極観測船宗谷が出発した年であり、日本が国際連合の安全保障理事会の非常任理事国に当選した年であり、五千円札が発行された年であった。それと同時にこの年は、牧野富太郎が死亡した年ともなったのである。一月十八日金曜日の『毎日新聞』の朝刊には「危篤で十八時間も　生き永らえた不思議な生命力」という見出しと共に次のような記事が出ている。

牧野博士はとうとう十八日午前三時四十三分、死亡した。
博士は十七日朝九時ごろ起きたおう吐がもとで急に呼吸困難と血液循環系の虚脱状態（血液が体の重要部分に回らず、内臓などによけいにたまること）を起し、全くの危篤状態となった。

東大物療内科の日野和徳助教授をはじめ石崎達、早川宏、三田八玄、間徳之各博士ら主治医がかけつけ、動脈内にブドウ糖、強心剤の注射、輸血などを行なった。その結果「もう一、二時間しかもたない」とみられた牧野博士は、医学史上前例をみないという奇跡を生み十八時間も生きつづけた。

主治医団は「牧野先生については、なんとしても生命の限界がわからない」と口をそろえていっていたが、やはりだめだった。

主治医らの発表を総合すると、容体悪化は、さる十五日の「成人の日」に水を飲みすぎたことが直接の原因で、肺付近に水がたまって体に変化を起し、十七日朝におう吐をもよおした。それとともに呼吸困難と循環系の虚脱状態を起したものだった。

一月二十二日、東京の青山斎場で牧野富太郎の葬儀が行なわれ、戒名は浄華院殿富嶽穎秀大居士となった。また彼の脳重量が一一八〇グラムで、日本人男子の平均一四〇〇グラムよりはるかに軽いこともわかった。一方死亡した一月十八日に従三位勲二等旭日重光章と、第一回の時から候補になっていながらずっと受章出来ないでいた文化勲章とが授与された。これは死後においても、牧野富太郎の業績が決して忘れ去られないということの象徴ともなった。しかし、そのことをもっと実質的に表わしているのは、牧野富太郎を記念して作られた施設である。

最初二・七ヘクタールほどの敷地面積しかなかった高知県立牧野植物園は、高知市に本部を置く牧野植物園設立期成同盟会によって、牧野富太郎が寝込んだ頃から計画が進められていた。まず高知県や高知市などから補助金を得、土佐電気鉄道や高知県交通などから寄付をしてもらい、牧野富太郎が死との最後の戦いをしていた一九五六（昭和三十一）年十二月十七日に、彼を高知県高岡郡佐川町の名誉町民にした。こうして着々と準備が始められ、今でも牧野植物園ですぐ目につく温室記念館が出来上がった。だがこの植物園が正式に発足したのは、牧野富太郎が死去した翌年の一九五八年四月一日だったのである。この時、彼が生きていなかったのは残念なことと言える。というのもこの日は「牧野」という個人名が付いた日本で唯一の植物園の発足ともなったからである。

この植物園には一応「牧野」という名前が付いてはいたが、内容は牧野富太郎とは関係がないものとなっていた。彼の採集した植物が網羅されている訳でもなければ、牧野富太郎自身一度も訪れたことがなかったからである。それに温室があるため、最初は熱帯の園芸植物を主体とした観光用の植物園となる筈だった。しかし余りに少な過ぎる予算は、そのような安易な計画を許さなかったのである。園芸植物を買い入れるには、まず多額な予算がなければならない。そのため場所も狭く、金もない牧野植物園は、牧野富太郎のように独自の道を歩むことになったのであった。

そこで牧野植物園は、造園も開墾もすべて植物園の職員が、することになった。もちろん、ここの植物も、買う訳にはいかなかったので、職員が採集したものばかりだった。従って牧野植物園の植物は、すべて採集者、採集年月日、採集場所がはっきりしていて、そのまま生きた標本となるものばかりなのである。このためかえって規模は小さいながらも、いかにも牧野富太郎の名前にふさわしい地域性を生かした野生植物の植物園となったのである。その後、付近の土地の買収も次々と行なわれ、狭いながらも植物園らしくなっていった。

さらに東大泉の牧野富太郎の家にあった蔵書を、牧野鶴代が寄贈することになって、牧野植物園は文庫のある日本で唯一の植物園ともなったのだった。必要な本しか買おうとしない大学の図書館や古本屋と違って、牧野富太郎の蔵書だったものは新聞紙から鼻紙まで貰うことにしたため、約四万五千点の蔵書はそのまま牧野植物園で保存されることになった。一九六〇（昭和三十五）年に蔵書の寄贈を受け、一九六一年から膨大な蔵書の整理が始まった。そしてこの蔵書のために造られた牧野文庫の建物は、一九六三年三月に完成したのである。

当時の牧野植物園には毎年十一万人から十四万人の人々が訪れ、植物園としてよりは一種の公園として多くの人に利用されていた。しかし植物園として、観賞的にも学問的にも価値がある植物も少なくなかった。特に春のツツジと秋のキクは、他の植物園と比較にならないほど揃っていた。ツツジに関しては、北海道で育つため高知県での飼育が難しいものを除いて、約六十種はあるし、牧野富太郎自身が「新秋の七草」の一つとして選んだキクについてはノジギクだけで約四十種もあるからである。

ところが、牧野植物園は牧野富太郎記念館が出来たことで、大きく変貌することになった。この記念館は、一九九一（平成三）年に牧野家の遺族から、牧野富太郎が描いた植物画などを寄贈されたことを切っ掛けとして、この構想が生まれたが、本格的に実現を目指すようになったのは、翌一九九二（平成四）年の牧野富太郎生誕一三〇周年を迎えてからであった。この時は、地元でも再評価の機運が熟し、一九九三（平成五）年には基本構想が練られ、さらに一九九四（平成六）年には記念館の建物の基本構想に取りかかった。建物自体は、一九九五（平成七）年に設計が行なわれ、一九九六（平成八）年から一九九七（平成九）年にかけて施工され、一九九八（平成十）年十一月に完成したのだった。

この建物は、牧野富太郎記念館としての特徴を出すため、五台山の形にとけ込むように造られている。従って高さも、そびえ立つものではなく、山の等高線に合わせ、木を主体とし、形も落葉やヒラメを連想させるような曲線の多いものとなった。たくさんあるパイプ状の梁も、高周波で曲げ、皆、形が異なるようにしてあるため、この建物を担当した建築家の内藤廣自身も、「二十世紀最後の手工芸的建築」と自認している。

建物の完成と共に、内部に置く展示物も準備され、一九九九（平成十一）年三月に完成すると、すぐ記念館の中へ移されて、一九九九年十一月一日、牧野富太郎記念館は開館の運びとなったのであった。敷地面積も二・七ヘクタールから二十ヘクタールへと、一挙に広がった。記念館の中には、専門の展示デザイナーが工夫した、わかりやすく、親しみのもてる展示物、牧野富太郎の蔵書や絵はもちろん、手紙や日記やメモまで含めて約五万八千点ものコレクションがある牧野文庫、高知県内ばかりか、海外にも調査へ行き、世界一の規模を誇るキュー植物園とも標本交換をして、八十万種の標本コレクションを目指す標本庫、展示物の一部という認識からユニークな植物工芸品があふれているミュージアム・ショップ、地元の料理番組にも出演したフランス料理人が責任をもつ「アルブル」という名前のレストランなどがあり、庭園内には、甲藤次郎、平田茂留から寄贈された化石の展示が見られる化石館や、フランスの教会を修復した経験をもつ田窪恭治の手になる水盤などが並んでいる。

現在、この牧野植物園には、園長、副園長の他、十二名の専任スタッフ等約三十名の人々が働いている。彼らにより、牧野富太郎に関する資料整理や高知県植物誌の作成、高知県牧野記念財団の会員募集や植物教室などの啓蒙活動、さらに様々な企画展示などが行なわれている。今の牧野植物園の状態について、もし牧野富太郎が生きていたのならば、この程度の規模では満足しなかったかもしれないが、単なる植物園や植物公園とは異なる植物学のテーマ・パークとしては、日本で最大、最良、最高のものとなっているのである。また、近くにある他の牧野富太郎に関係する施設には、横倉山の自然と牧野富太郎を紹介する「高知県越知町立横倉山自然の森博物館」や、牧野富太郎の遺品などを展示した「佐川町総合文化センター牧野資料室」や、牧野富太郎の指導で出来た兵庫県神戸市の「六甲高山植物園」などがある。なおここにあった資料は二〇一二年の牧野富太郎生誕一五〇年に「佐川町立青山《せいざん》文庫」に移設された。

一方、牧野標本館の設立についても、牧野植物園の設立の時と同じ頃から考えられるようになった。東大泉の牧野富太郎の家にあった「牧野植物標本館」内の標本の状態が非常に悪かったため、一九五五（昭和三十）年前後より朝比奈泰彦、小倉謙、佐藤達夫、久内清孝らがこれらの標本をきちんと整理し保存してくれる所を探し始めたからである。東京大学や国立科学博物館からは断られたため、牧野富太郎が名誉都民であった関係から東京都に頼むことになった。そこで東京都立大学が、ふさわしい場所として皆の心に浮かんだのである。東京都立大学も一度は辞退したが、標本館の建物も、そのための職員もどうにか準備出来ることがわかったので、一九五六年九月に東京都は牧野標本館の設置を決定することになった。だがこの標本館も、牧野植物園と同じく、牧野富太郎が生きている間に完成することはなかった。総工費二千二百万円をかけた牧野標本館が完成したのは、一九五八年三月三十一日だったからである。すぐにこの年の五月二十八日から六月五日にかけて、膨大な量の標本が牧野富太郎の家から運び込まれ、六月十八日に牧野標本館は落成式を迎えることが出来た。

この標本館は、研究機関として発足する余裕がなかったため、まず標本整理のための機関として出発した。そこで教授、助教授、助手に兼任講師の職員と共に、五名から六名のアルバイトが標本を整理することになった。これは大変な仕事だった。約四十万点と言われる標本の保存が悪い上に、分類も「科」の段階で未整理だったからである。最初は、標本のごみを取り除くことから始まった。それから「科」を改めて同定し、専門家へ送って「属」や「種」を決めてもらうことになった。また五万分の一の地図を使って、採集地の地名を今日のものにすることも行なわれた。採集者は、もちろん牧野富太郎である場合が一番多いが、牧野富太郎は他の人から標本をたくさん貰っているので、別の人が採集者となることもかなりあった。このような「科」や「属」や「種」や地名などは、余りに標本数が多いため、番号で整理したカードを作り、本来の種名や採集者、採集年月日、採集場所などは標本だけに書き入れるようにした。

こうして一応の整理が終ると、次は交換が始まった。牧野富太郎の標本には、同じ植物でも予備のために作った標本が多いため、別の標本との交換が可能なのである。そして国内、国外の様々な機関などと標本の交換が行なわれ、このようにして集められた標本は、種の変異などを調べるために非常に役に立った。

最初、関係者たちは牧野富太郎の標本を同定するために約十年間の期間を予定していたが、これは彼の標本量を過小評価し過ぎていたことになるのかもしれない。結局一応の同定が終るのに、約二十年もかかってしまったからである。この時点でとにかく標本整理の終了宣言をした牧野標本館は、以後研究機関として機能することが出来るようになった。そして、現在、この標本館の標本は、国際植物分類学会にも登録されて、植物学に対して牧野富太郎にも出来なかったほどの貢献をしているのである。

また、牧野記念庭園は、牧野富太郎の死後に設置が決まったものであった。牧野富太郎の死去から三カ月後の一九五七年四月十日に、牧野富太郎の家を牧野記念庭園として保存するようにしたいという文書が、東京都知事から牧野鶴代に対して出されたからである。そしてこの年の十二月に、東京都は牧野鶴代、香代、春世、百世、己代《みよ》、岩佐玉代らとの間で売買契約を結び、牧野富太郎の家を所有することになったのだった。翌一九五八年一月九日には、この家の所管が財務局から建設局に移り、記念庭園とするための一千万円もかけた整備工事も四月には完成した。その後七月四日に、練馬区は東京都建設局からこの庭園の仮引き継ぎを受け、十月一日には東京都知事により、正式に練馬区への財産譲渡が行なわれた。こうして一九五八年十二月一日、牧野記念庭園の開園式が開催されたのである。

一九六一(昭和三十六)年には、老朽化した牧野富太郎の家を取りこわす代りに、彼の家の一部である書斎を残すため鞘《さや》堂が造られ、翌一九六二年四月には、牧野富太郎生誕一〇〇年祭が行なわれた。だが一九七〇年五月十二日に牧野鶴代が死去すると、彼女が居住していた鞘堂の隣の土地を土地所有者へ返還することになり、今日の牧野記念庭園の姿が出来たのであった。

現在の牧野記念庭園には約三百十種類の植物が三名の専従の職員により栽培されているが、総てが牧野富太郎によって植えられたものではなく、それらすべての由来さえ今でははっきりしなくなっている。しかしスエコザサなど牧野富太郎にとって思い出深い植物は揃っており、特に彼が愛したサクラについては一度は訪れる価値があるだけの力が注がれている。そして牧野富太郎という植物学者を一人でも多くの人に知ってもらい、理解してもらうために、牧野富太郎に関係のある多くの品々も豊富に並べられているのである。この記念庭園の存在自体が、牧野富太郎の偉大さの証明でもあるが、さらに彼の業績を一層広めるための行事も時々この庭園では行なわれている。記念館陳列室も周囲の塀も新しくなり、一九八五年十月五日から十一日にかけては、牧野富太郎が練馬に住居を構えてから六十年になることを記念して「牧野富太郎博士展」が催され、十月五日には牧野富太郎のブロンズ製胸像の除幕式も開かれた。こうして牧野記念庭園を毎年訪れる一万人ほどの人は、牧野富太郎のことを単なる人名としてではなく、一つの人間像としてとらえていくようになるのである。

牧野植物同好会も存続し、約四百名の会員を抱えて、月一回の例会も日曜日に行なわれている。例会には大抵四十名ほどが参加しているが、多い時は百名以上にもなる。さらに牧野富太郎の死後は、機関誌『*Makino*』を季刊で発行するまでになったのである。

現在でも、牧野富太郎のことを忘れられずに、牧野植物園や牧野記念庭園を見に来る人はたくさんいる。そして鞘堂が造られる時に、書庫保存資金として三十万円を寄付した津田弘という人も、このような一人なのである。名古屋でヒマラヤ製菓株式会社の社長をしている彼は、ヒマラヤ美術館も造ったが、若い頃牧野富太郎に植物学の面白さを教えられ、木村有香を紹介されて、木村有香の下で一年半ほど植物を研究した。彼の牧野富太郎への尊敬と信頼は余りに深かったため、いつまでも忘れることが出来なかった。そして彼の牧野富太郎への感謝の気持ちは余りに大きく、それは牧野記念庭園へ鞘堂の資金を寄付するだけでは満足出来ず、木村有香が勤めている東北大学の植物研究所として「植物園記念館」、通称「津田記念館」を造るため三億円を寄付した程であった。

このように多くの人々に影響を与えた牧野富太郎の伝記は、これまで多くの人によって書かれてきた。だが牧野富太郎は、伝記が書かれるに値する魅力的な人物の伝記について、どのように考えていただろうか。牧野富太郎自身は、おそらく自分のことも少しは考えながら、伝記について「花と恋して九〇年」の中で次のように述べている。

人にはいろいろ意見があり、考えがありましょうが、私は伝記を完全なものにするには自叙伝によるのが一番いいと思います。私は伝記を書こうと思う人には、どんな人にでもそれを任せておいていい、頼山陽なら頼山陽の伝記が幾つあってもいいと思います。それでいろんな人が書いているうちに、その人の真価もわかってき、詳細もわかってくることと思います。

蓋し、偉大なる人物は偉大なる生涯を生き、小人のみこれを描くものなのである。

牧野富太郎は遺言を遺さなかったが、その必要もなかったと言えるだろう。彼の生涯がそのまま彼の遺言ともなっているからである。そのため彼は死後、急速に名前が忘れられるということはなかった。牧野富太郎よりも、日本の植物学界ではるかに権威のあった矢田部良吉や松村任三のような人々のことを、一般の人々が今では誰も知らないことに比べれば、これは驚くべきことである。しかも牧野富太郎は名前を忘れられないだけでなく、彼の業績さえもが、多くの人々によって忘れられることなく受け継がれているのである。

今日もまだ多くの人々に影響を与え続けている牧野富太郎について考えてみる時、彼が非常に優秀な植物学者であったということや、彼が大学という権威に抵抗したということだけでは、片付けられないものがあることがわかるだろう。確かに彼は偉大な植物学者であり、それは彼のしたことを単に植物に名前を付けたのに過ぎないと考えている生化学や、遺伝学や、発生学や、生態学や、進化論などの生物学の専門家でさえもが、たとえ今は問題にされない旧式な分類学であろうと、彼が本当にしたことを知るとその業績を認めなければならない程である。また権威を問題にせず、自分の力だけで誠実に研究しては人々と接したために、大学の教官とは比較にならないほど多くの人々から尊敬され、心から交際することも出来た。だが生きている間だけ偉大であることさえ、非常に困難であるのに、死後においてまで偉大であることは一層困難である。そしてこのようなことを可能にした牧野富太郎には、もっと大きな魅力の秘密があるにちがいない。

彼の生涯と植物学の研究とを見て気が付くことは、彼自身の植物に関する知識への絶対的な自信である。彼は自分自身に誠実であったが故に、自分に一番適したことを知ることが出来たし、自分に一番適した生き方を選ぶことも出来た。そして彼自身、自分が植物のことに関しては、この世界で一番詳しい人間であり、少なくともそのような人間になれることをよく知っていたのである。そのため、誰も牧野富太郎のことを認めなくても、彼は気にしなかった。彼は自分自身に対する自信が余りに大きかったために、他人の非難も、不幸な運命も、彼の自尊心を傷付けることは出来なかった。家族全員を経済的な危機に追い込み、多額の借金をかかえ込むことさえ、彼にとっては些細な問題であった。牧野富太郎は、生涯の最後における植物学者としての自分の勝利を、最初から知っていたからである。もちろん、牧野富太郎は植物学者として、富や名声を得ることを目標にしたのではなく、一人の人間が一生を費やして出来る限り植物のことを知り、理解することを目標としていたのである。そして彼はそれが自分に出来ることを、最初から知っていたのである。彼は、一人の人間が植物の研究以外のすべてのことを諦めて、植物のことを調べた場合、どの程度のことが可能であるかというその限界を、身をもって示したのであった。また牧野富太郎が、佐川の名家に生まれたことも幸いだったと言える。少なくとも彼には富や名声に対し必要以上の幻想を抱くことが、最初からなかったからである。彼はジョン・ミルトンの言うように、名声が「気高き心の最後の病」であることをよく知っていたのであった。

しかしもっと幸運なことは、牧野富太郎の場合、彼の植物学への才能と情熱とを信じた人が彼一人に留まらなかったことである。妻が信じ、友人たちが信じ、回りの人々が信じ、遂にはすべての人が信じるようになった。牧野富太郎が自分のことを〝植物の精〟だと自認しても、誰も笑わなくなった。そして皆が進んで、そのことを認めるようになった。それは牧野富太郎が、心から自分のことを〝植物の精〟だと信じて疑わなかったからである。ここに彼の植物への情熱の根源があった。牧野富太郎にとって、植物のことは余りに面白過ぎたのである。そして他のことは、余りにつまらなさ過ぎたのである。自分自身が本気で興味をもてるものを知り、そのことを信じて疑わない者には、誰もが道を譲らなければならない。なぜならそのような人程、真剣に生きている人はいないからである。

現在、牧野富太郎の墓は東京台東区谷中の天王寺にあり、皮肉にも象徴的にも隣の東京都谷中霊園には矢田部良吉の墓もある。また、牧野富太郎の分骨は佐川の古城山の中腹に見られる墓に納められている。この分骨された墓の近くには、牧野富太郎の年表と「草を褥に木の根を枕　花と恋して九十年」という歌を刻んだ石板もある。一方、天王寺の墓は、妻の寿衛子の墓の隣にあり、寿衛子の墓には墓碑銘として牧野富太郎の句が刻まれているが、牧野富太郎の墓には背に経歴が書かれているだけで、句のようなものは書かれていない。しかし彼の墓にも、何か彼を記念するような文章を刻んだ墓碑銘が、あった方がよいのかもしれない。一人の比類なき偉大な植物学者のために、そして自分のことを〝植物の精〟だと信じ続けた一人の頑固な自然児のために。

あとがき

私は以前植物分類学を専攻したことのある者なのですが、極めて怠惰な学生だったため植物のことはほとんどわからず、牧野富太郎についても名前ぐらいしか知らないで過ごしました。ですから私程牧野富太郎について書く資格のない者も、いないでしょう。そこで今度この本を書くことになった時、私は牧野富太郎の業績について、ほとんど何も書けないことに改めて気が付きました。でも逆に牧野富太郎の人間性については、興味が湧いてきたのです。

一つの分野で一流となる人間には、必ずある種の魅力があるからです。

まず私は、牧野富太郎について知ることから始めました。その時、私に牧野富太郎のことを教えてくれた何冊かの書物について、是非触れない訳にはいきません。

伝記の場合は、まず牧野富太郎も言うように『牧野富太郎自叙伝』（長嶋書房）から読みました。この本に表われている彼の強い個性は、何よりも牧野富太郎の本質を知る上で有益だと思います。さらに上村登『牧野富太郎伝』（六月社）、山本和夫『植物界の至宝　牧野富太郎』（ポプラ社）、中村浩『牧野富太郎』（金子書房）などに目を通しました。特に上村登氏の詳細な伝記については、本文中にも触れたように、助けられた点がたくさんあります。他に『山梨生物』（山梨生物同好会会誌）に連載された塚本正勤氏の聞き書き「花と恋して九〇年——牧野富太郎博士はかく語りき——」にもお世話になりました。本文の引用文は『自叙伝』か上村登『牧野富太郎伝』か「花と恋して九〇年」によるものがほとんどだと言ってもいいくらいです。

また牧野富太郎自身の著作としては、『牧野日本植物図鑑』（北隆館）を挙げなくてはならないでしょう。この図鑑は、牧野富太郎の意志に最も忠実な唯一の図鑑とも言えます。『牧野富太郎選集』（全五巻、東京美術）も、博識な著述家としての牧野富太郎を知る上で欠かせない本でした。他に『植物知識』（講談社学術文庫）は、牧野富太郎のことをよく知らない人が最初に読むのには、最適の本と言えます。牧野富太郎には『植物記』、『続植物記』、『植物学九十年』、『草木とともに』など多くの著作がありますが、その中の重要なものは『牧野富太郎選集』の中に網羅されています。ただ『我が思ひ出』（北隆館）だけは収められておらず、これは晩年の牧野富太郎を知る上で有益でした。

次に生前の牧野富太郎を知らない私に、資料を提供して下さった機関や、生き生きと牧野富太郎のことを語って下さった方々のことを、書かなければなりません。これらの機関や方々は、皆牧野富太郎のことになると非常に好意的で、牧野富太郎の人間性の一部に触れることが出来たような気がしました。

機関としては次のようなものがあります。

高知県立牧野植物園／東京都立大学牧野標本館／牧野記念庭園／練馬区土木部／株式会社北隆館

また牧野富太郎に直接関係する様々なことを教えて下さったのは次のような方々です。

（五十音順、敬称略）

石川知一　岩佐玉代　岩佐まゆみ　奥野春雄　賀《か》久《く》佳子
上村　登　川村カウ　木村有香　木村康一　木村千賀子
鴻上　泰　小林佐太郎　小林純子　篠遠喜人　相馬寛吉
高橋俊昭　中沢信午　橋本庸平　深尾重光　藤倉光久
牧野己代　八耳《やつみみ》俊文　山脇哲臣

この中でも私の疑問に親切に答えて下さった岩佐玉代様、岩佐まゆみ様、牧野己代様の御厚意には忘れ得ぬものがあり、また牧野富太郎の研究の核心に直接触れ、そのことをわかり易く教えて下さったばかりか、後々まで私の図々しいお願いに丁寧に応えて下さった木村有香先生にも心から感謝しない訳にはいきません。これらの方々の御厚意がなかったら、とてもこの本は書けなかったでしょう。改めてこの場をかりて、御礼を申し述べさせていただきます。

この本の中で私は、私が感じた通りの牧野富太郎を、率直に表わすことに重点を置きました。必要以上に牧野富太郎を偉大に見せることや、卑小に見せることは、しなかったつもりです。本文中に今までの牧野富太郎の伝記にはなかったようなエピソードをいくつか入れたのも、単なる好奇心によるものではなく、私が感じた牧野富太郎像へ少しでも近付いてもらいたかったからです。もちろん、この本は私の独断と偏見に基づいて書かれたものですから、牧野富太郎への公平な判断を下すには、余り役に立たないかもしれません。でも私にとって牧野富太郎は素晴らしい植物学者であり、それに何よりも素晴らしい人間でした。

さらに、この本が出来るために御世話になったリブロポート編集部の早山隆邦氏、そして私の原稿を入念に読んで下さった岸田五郎氏に御礼を申し述べます。

そして最後に、私がこの本を書く最初の切っ掛けを作って下さった中山茂先生に、感謝の言葉を記させていただきます。この本を書いている間、中山先生に見守っていただいたことは、私にとって何よりも暖かい励ましであり、それなくしてはとても最後までたどり着くことは出来なかったでしょう。

この本は今まで名前を挙げさせていただいた方々（他にここでは名前を省略させていただいた方々もたくさんいます）のおかげで出来上がったものですが、私としてはこの本を書くことを通して牧野富太郎と知り合うことが出来、とても楽しい思いをすることが出来ました。読者の方々も、私と同じような楽しさを味わって下さったら、私にとってこれ以上の歓びはないでしょう。

一九八六年十一月十三日

渋谷　章

平凡社ライブラリー版　あとがき

今から十四年程前に出版された拙著が、このような形で、改めて世に出るようになる機会を得たことは、著者としても望外の喜びです。以前刊行された時は、様々な方々から、御意見、御指摘を受け、大変有益だったのですが、それらに対して、本の形でその成果を表わすことが出来ず、心苦しく思うと共に、誰か他の方が非の打ち所のない牧野富太郎伝を書かれることを、心から願っておりました。

ところが今度、手頃な本としての牧野富太郎伝が、新刊書店にないということで、拙著がこういう形で出るようになった訳です。勿論、この本はやがて書かれるべき決定版牧野富太郎伝には遠く及びませんが、今まで私がいただいた多くの御意見を内容として盛り込み、旧著よりは、もう少しはっきりした牧野富太郎像になっているのではないかと思います。それと共に、このような機会を私に与えて下さった久田肇氏をはじめとする平凡社編集部の方々、心から親切に私に協力して下さった牧野植物園の方々、そして何よりも牧野家のご遺族の方々に深い感謝の念を捧げたいと思います。

牧野富太郎を記念して新しく造られた牧野富太郎記念館は、実に素晴らしい所です。牧野富太郎の精神を生かし、人間と植物や自然との関係を改めて考え直すように工夫されていて、大人も子供も楽しめるように出来ています。牧野富太郎や植物に興味があり、まだ行かれたことがない方は、何らかの機会に、是非行かれることを強くおすすめします。牧野富太郎や植物に興味がなくても、行ってみて失望して帰ることは、絶対にないでしょう。

旧著は若書きを思わせる表現が目立ち、我ながら恥ずかしい限りですが、このような書き方を直すと、全面的に書き直す必要が出て来るので、追加、訂正は事実関係の誤りを直したり、その後読んだ本や資料、またいただいた御意見を付け加える程度に留めました。そこで、この新しい版を書く時、特にお世話になった方々のお名前を挙げさせていただきます。

まず牧野植物園で、私に貴重なお話をして下さると共に、牧野富太郎記念館を案内して下さった小松みち氏と里見和彦氏のお名前を挙げさせていただきます。小松みち氏は〝人間牧野富太郎事典〟と言ってもいい方で、彼女の牧野富太郎に対する尊敬の念は、感動的でさえありました。牧野富太郎は、死後においてさえ、女性を魅了する人であることを痛感しない訳にはいきません。また私は、小松氏のおかげで雑誌『サライ』に連載していた大原富枝氏の絶筆ともなった「草を褥《しとね》に――小説牧野富太郎」を読むことが出来ました。この作品は未完成ながらも、牧野富太郎のあらゆる意味で唯一の妻、小沢寿衛子の実像に、当時の歴史的、社会的背景から迫ろうとし、もし著者が心不全で死去することなく、完成されていたならば、極めてユニークな牧野富太郎伝が出来上がったのではないかと、残念でなりません。

さらに池長孟の研究家でもある、日本放送協会の大塚融氏のおかげで、私は牧野富太郎と池長孟との本当の関係を知ることが出来ました。なお私の畏友でもあり、東洋英和女学院助教授の下坂英氏からは、牧野富太郎に関する珍しいエピソードを伺うことが出来ました。

新たに参考にさせていただいた本としては、高見澤たか子『金箔の港――コレクター池長孟の生涯』（筑摩書房、一九八九年）、淀川長治『淀川長治自伝（上巻）』（中央公論社、一九八五年）、佐藤七郎『牧野富太郎（世界伝記文庫　第十六巻）』（国土社、一九七八年）、上村登『花と恋して――牧野富太郎伝』（高知新聞社、一九九九年）、俵浩三『牧野植物図鑑の謎』（平凡社新書、一九九九年）、『牧野富太郎写真集』（高知県立牧野植物園、一九九九年）、高知県立牧野植物園・日本大学生物資源学部資料館監修『牧野富太郎とマキシモヴィッチ』（高知県立牧野植物園、二〇〇〇年）などがありました。特に『牧野植物図鑑の謎』からは村越三千男のことを教えていただきました。

それから、この平凡社ライブラリー版のため、わざわざ文章を書いて下さった荒俣宏氏の御厚意にも心から感謝致します。

改めて牧野富太郎という人間を見て感じたことは、植物学者としての偉大さと共に、彼の人間性の面白さでした。何よりも人間性豊かな人が、立派な業績を残してゆくのです。人間的に生きてゆくということが、益々難しくなりつつある現代の日本で、牧野富太郎の生き方が、人間らしさを保つための何らかのヒントになるようなことがあれば、私としてこれ以上の喜びはありません。

二〇〇〇年十一月七日

渋谷 章

解説――植物は太陽が大好きだ――牧野さんのこと

荒俣　宏

民間学者としての牧野富太郎について書かれたこの評伝は、直接牧野を知らない世代が書いたという意味で、新たな一ページをひらいた著作だろうと思う。

もちろん、ぼくも著者の渋谷さんとほぼ同年代に属するから、牧野富太郎の名は知っていても、ご本人に会ったことはない。それでも牧野富太郎の生涯にかぎりない興味を覚えた理由の一つは、ぼくが関心を抱いた近世の奇男子たちを追いかける途中で、かならずどこかに牧野との接点がみつかるからだった。つまり、牧野富太郎はただの植物学者ではない、最も広い意味における文化人であって、それも自力によって自らを守り、論敵に対しては遠慮のない物言いをおこなえる独立自尊の人物だったのである。

たとえば、近年の快著といってよい俵浩三さんの『牧野植物図鑑の謎』(平凡社新書)には、これまでほとんど語られてこなかった「埋もれた民間植物学者」村越三千男と牧野との興味ぶかい諍いに照明があてられている。牧野が「図鑑」という用語を創案した最初の人ではなかった点を指摘する部分もおもしろいけれど、その図鑑をめぐって、当初共同作業として出発した仕事を後年どちらも業績を自分のものにしようと張り合った経緯は、まことに新鮮だった。この問題で牧野の見せた、やんちゃな気質には微笑を禁じ得ず、ますますこの植物学者が好きになった。だって、東大からまだ博士号をもらう前から、堂々と「博士」の肩書を名のっていた人物なんて、そうザラにいるものではない。

本書にも出てくる、牧野にひどい仕打ちをしたイジメっ子の矢田部良吉も、ぼくがとても心を惹かれる存在である。本書を一読されれば、矢田部が東大教授の地位を追われたことはお分かりだろうが、その裏には牧野富太郎が後年語らなかった「因縁」が生まれている。というのは、矢田部が失職したとき、同時に東大を追われた重要な人物がもう一人いたからなのだ。名を堀誠太郎という。奇しくも牧野の幼名と音が同じだ。矢田部とはアメリカ留学当時の仲間だった関係で、御用掛として小石川植物園に出仕した。札幌農学校のクラーク博士は、堀がアメリカのアマースト農業学校に留学したときの学長だった。その縁で、クラークは日本に赴任したともいえる。

この堀は、矢田部罷職とともに東大を去った。そして晩年は故郷の山口で静かに暮らしたが、ときおり息子に漏らすことがあった。「わしと矢田部が罷職となったいちばんの理由は、箕作《みつくり》一派が大学に勢力を張るためだった」

箕作一派とは、アメリカ仕込みの新進気鋭、動物学教授箕作佳吉を筆頭に、箕作家の縁戚である菊池大麓らを指す。相手が悪かった。

牧野富太郎の自伝では、矢田部罷職の遠因として「色々伝えられているが（中略）中々の西洋かぶれで、鹿鳴館にダンスに熱中したり、先生が兼職で校長をしていた一橋の高等女学校で教え子を妻君に迎えたり……」としている。たしかに、当時の女学校生徒は、夕方になるとカーテンを急ごしらえのドレス代わりに体に巻いて鹿鳴館へ馳せ参じ、外国人のダンスの相手をしなければならなかったらしい。他に、西洋人を相手にできるだけの娘は見あたらなかったのだから仕方がない。校長の矢田部も鹿鳴館で万歳を踊ったり、いろいろと余興を見せなければならなかった。

たぶん牧野は、そういう立場の矢田部を「ただの権威主義者」と切り捨てるようになったのだろう。しかしその陰で、おそらく教育については菊池と（ちなみに、かれは文部大臣になった）、また生物学の方法論では箕作佳吉と、激しい主導権あらそいを演じていたにちがいない。

そこへ強権が発動され、牧野を追いだした矢田部自身も追いだされた。堀にとっては怨念の事件だったのだろう。したがって、堀の息子は父の無念を学問の上で晴らそうと植物学者になり、ついに東大植物学教授に就任した。その人物が中井猛之進だった。しかも中井は一九三九年、牧野に東大講師の辞表を出させたとして新聞ダネになったとき、またも追いだし側の教授として世間の批判を浴びることになる。

ぼくはまた、日本で初めてロボットを製作した元北大植物学教授、西村真琴にも心を惹かれた時期があった。クラーク博士の北大というところからしてすでに運命めいているのだが、この西村真琴の経歴を追ううちに、なんと牧野が登場したのだ。ちょうど植物図鑑制作中だった牧野は、標本不足に悩んでいた。それを聞き知った西村が、満州で集めた厖大な植物標本を無償で提供したというのだ。大先輩の牧野に敬意を表したにちがいない。

おもしろいのは、西村真琴も牧野と同じようにロシアの植物学者のふところに飛びこもうとしたことだ。シベリアの植物を調査する夢に燃えたかれは、ある日、臨月間近の妻を置いて、柳の研究で有名だったエナンデル博士に会いに行ってしまった。ただ西村の場合には首尾よく博士に会えて、シベリアのフィールドワークを実現できたのだが。

そして、何といっても南方熊楠との関係だ。同じ植物研究の好敵手だったはずの熊楠について、牧野は徹底的に無視した。民俗学でもエロ話でも、あきらかに牧野よりも幅広く深い掘り下げをおこなっていた熊楠へは、直接学問的な論争を吹っかけていない。代わって、論文を書かないことや、長生きしないことや、礼をわきまえないことなど、主として人間的欠陥をついて批判した。ある意味で牧野の喧嘩上手が際立つエピソードといえる。ぼくなどは牧野のこうした態度を、人間関係の側面から見ても興味ぶかいものと思っている。学者同士が個人の人格攻撃を始めたら、単なる喧嘩になってしまうのだが、牧野はあえてそうしているのだ。

とにかく牧野富太郎は、ライバルが大きければ大きいほど反撥姿勢を示す。そこには何か重大な理由があるはずだ。そのことを裏書きするかのような〝反面〟エピソードが、戦時中の疎開さわぎの中に発生している。牧野に植物学科学生として世話になったことのある篠遠喜人（のち遺伝学者として名を上げる東大教授）は、大泉の牧野邸が空爆されたとき、牧野を疎開させようと必死に説得した。死んでも標本を守ると頑張っていた牧野も、さすがに「弟子」の意見を容れ、篠遠の親戚の家がある山梨へ疎開した。本書にも出てくるエピソードだが、この例に見るように、牧野は命よりも大事なはずの標本とさえ別れる気になることもあった。篠遠喜人博士のお子さんである在ハワイの考古学者篠遠喜彦先生にお話をうかがうと、喜人博士は実は東大の官僚指向になじめず、敬虔なキリスト教徒であったことから国際基督教大学の創立に参加したり、息子さんたちを自由学園に入学させたりするようなお人柄であったとのこと。

とすれば、生活態度のキチンとした、礼を失しない誠実な人物に対しては、牧野富太郎も素直に意見を聞きいれざるを得なかった、といえるかもしれない。

いずれにしても、ぼくが関心をもつ多くの奇男子たちに対し、牧野富太郎がたいてい一種のアンチヒーローとして振舞った事実に、かぎりない興味を覚えたのだった。

そういうときに、ぼくは本書に出会った。今は廃業したリブロポート出版部から刊行された旧版を一読して、牧野富太郎の生涯と業績をあらためておさらいする機会を得た。

そして、渋谷さんの結論にうなずいた――、

「彼は、一人の人間が植物の研究以外のすべてのことを諦めて、植物のことを調べた場合、どの程度のことが可能であるかというその限界を、身をもって示したのであった」

なるほど、実に分かりやすい評価だと感心したのだが、しかしよく考えてみると、牧野富太郎は「植物の研究以外のすべてのことを諦めて」はいたけれども、植物研究以外のことを何もしなかった、というのではない。むしろ牧野は、他の殿様博物学者や世捨て人学者とち

がって、植物研究以外のことにエネルギーを注ぎすぎた人だったのではないか、とも思える。なぜなら、牧野が俗を脱した仙人のごとき植物学者だったとしたら、たとえば熊楠に対しても個人攻撃はしなかったろう。牧野よりもさらにエキセントリックで喧嘩慣れした熊楠に食ってかかることは、あまり生産的とも思えない体力や気力が要ったはずだからだ。

それに、あれほどいやがらせのあった東大に五十年近くも居すわれた気力も、常人には考えられない。すさまじいばかりの確信がなかったら、あれだけ居すわれはしなかったと思う。つまり、植物研究そのものに向けられた以外のエネルギーも、並たいていではなかったのだ。いや、いい方を変えれば、植物研究のためなら他のことだって何でもできた、のである。

だから、牧野富太郎はおもしろい。

ぼくはここしばらく、高知の牧野植物園の方々のご好意を得て、牧野富太郎の残した私的な写真や蔵書、植物画やノートなどを見せていただきに行っている。どうしても牧野という人を理解したいと願うからだ。

牧野通い以前の話だが、ぼくは南方熊楠の生涯と業績が、混迷する二十世紀末に方向を示す光となるはずだと考えて、南方熊楠を知るよう努力した時期があった。熊楠は百年の謎だと思う。

しかしそのあとになり、牧野富太郎の生涯にも取り組みだしたとき、とてもおもしろい現象に気づいた。それは牧野の遺品に多数含まれていたスナップ写真だった。

熊楠もたいへんな写真好きで、当時の日本人としてはずいぶん積極的に肖像写真を撮らせている。ところが、カメラの構造の差もあるだろうが、熊楠の写真はいつも目を丸く見ひらき、固い表情をしている。あるいは他所行きの表情をしている。証明書に貼る写真のようなのだ。

これに対して牧野富太郎の写真は、ごく若い頃も含めて、予想外に「表情」にあふれている。晩年になればなるほど牧野は笑顔を見せる。大正の暗い時代、これも偶然だが、牧野元次郎という名の銀行家が、笑顔で写真にうつる「ニコニコ主義」の運動を始めた。そしてニコニコの笑顔ばかりを毎回掲載する写真雑誌『ニコニコ写真画報』を創刊した。いま、それを見ると、だれもかれも破顔一笑、無理矢理笑顔をつくっているのが、いじらしいほどなのだ。

だが、牧野富太郎の笑顔は、他のどんな人よりもナチュラルで明るい。こんなに明るい顔で写真を撮らせた日本人は、そうはいないにちがいない。

たとえば牧野が『植物記』で「カキツバタを燕子花と書くのは全く間違ひです。（中略）

あれを間違ひだとハツキリ言へる人は日本の中でも二人か三人ぐらゐしかゐない。私は其の中の一人です。罪を作るやうですが事実間違つて居るから仕方がない」と無邪気に書くときの気分も、この明るい笑顔だったのだろうと想像してしまう。

牧野はたぶん植物研究以外のことも、植物研究と同じように絶対的な自信をもって遂行できたんだと思う。その証拠が、あの太陽みたいな笑顔だった。もちろん、植物は太陽が大好きだ。

（あらまた　ひろし／作家）

年譜

西暦	年号	年齢	事項
一八六二年	文久二年		四月二四日　土佐国高岡郡佐川村西町組一〇一番屋敷に生まれる。父は佐平、母は久寿、幼名は成太郎
一八六五年	慶応元年	三歳	父佐平死す
一八六七年	慶応三年	五歳	母久寿死す
一八六八年	慶応四・明治元年	六歳	祖父小左衛門死す。富太郎と改名
一八七二年	明治五年	十歳	佐川町西谷の土居謙護の寺子屋に入る。その後、目細谷の伊藤蘭林塾に移る
一八七三年	明治六年	十一歳	藩校名教館に学ぶ
一八七四年	明治七年	十二歳	佐川小学校に入学
一八七六年	明治九年	十四歳	佐川小学校を自然退学
一八七七年	明治十年	十五歳	佐川小学校授業生となる。月俸三円。この頃『博物叢談』を創刊
一八七九年	明治十二年	十七歳	佐川小学校授業生を退職。高知の五松学舎で学ぶ
一八八〇年	明治十三年	十八歳	永沼小一郎を知る

一八八一年	明治十四年	十九歳	四月　東京で開催の「第二回内国勧業博覧会」見物を兼ね、顕微鏡、参考書購入のため上京 『格致雑誌』を創刊
一八八四年	明治十七年	二二歳	七月　上京。東京大学理学部植物学教室に出入りし、矢田部良吉、松村任三と知り合う
一八八六年	明治十九年	二四歳	この年から明治二二年まで、東京と郷里の間を時々往復す。佐川小学校にオルガンを寄贈し、自ら弾奏法を教える。石版印刷屋太田義二の工場に通い、石版印刷術を習得 この年、東京大学理学部は、帝国大学理科大学となる
一八八七年	明治二十年	二五歳	二月一五日　市川延次郎、染谷徳五郎らと『植物学雑誌』を創刊 五月　祖母浪子死す
一八八八年	明治二一年	二六歳	一一月一二日　『日本植物志図篇』第一巻第一集を出版。小沢寿衛子と結婚
一八九〇年	明治二三年	二八歳	矢田部良吉から教室への出入りを禁止さる
一八九一年	明治二四年	二九歳	駒場の農科大学植物学教室の一室で研究を続ける 一二月　郷里の家財整理のため帰省
一八九二年	明治二五年	三十歳	九月　高知で「高知西洋音楽会」を主宰
一八九三年	明治二六年	三一歳	一月　長女園子、東京で死す。上京する

一八九六年	明治二九年	三四歳	九月一一日　帝国大学理科大学の助手となる。月俸一五円 一〇月　台湾に植物採集のため出張 一二月　台湾より帰国
一八九七年	明治三十年	三五歳	この年、帝国大学理科大学は東京帝国大学理科大学となる
一九〇〇年	明治三三年	三八歳	二月二五日　『大日本植物志』第一巻第一集発行
一九〇六年	明治三九年	四四歳	八月　三好学と共著で『日本高山植物図譜（上巻）』（成美堂）を刊行。下巻は一九〇八年刊
一九〇九年	明治四二年	四七歳	八月　愛知県伊良湖岬で採集。帰途、名古屋の旅館で喀血 一〇月　横浜植物会を創立
一九一〇年	明治四三年	四八歳	東京帝国大学理科大学休職
一九一一年	明治四四年	四九歳	千葉県立芝園芸専門学校嘱託。一〇月　東京植物同好会を創立
一九一二年	明治四五・大正元年	五十歳	一月三〇日　東京帝国大学理科大学講師となる
一九一六年	大正五年	五四歳	池長孟の厚意で経済的危機を脱す。神戸に池長植物研究所を設立、標本約三〇万点をおさめる 四月　『植物研究雑誌』を創刊
一九一九年	大正八年	五七歳	六月　『植物研究雑誌』主筆を退く 八月二五日　入江弥太郎と共著で『雑草の研究と其利用』（白水社）を出版

一九二二年	大正十一年	六十歳	この年、東京帝国大学理科大学は、東京帝国大学理学部となる
一九二五年	大正十四年	六三歳	七月　成蹊学園園長中村春二を知る。以後、中村の援助を受く 九月二四日　『日本植物図鑑』（北隆館）出版
一九二六年	大正十五・昭和元年	六四歳	九月二五日　村越三千男『大植物図鑑』（大植物図鑑刊行会）発行 一二月　東京府下北豊島郡大泉村上土支田五五七に新居を建て移転
一九二七年	昭和二年	六五歳	四月一六日　理学博士の学位を授与さる 一二月二三日　マキシモヴィッチ生誕百年記念式典（札幌）で講演。帰途、仙台でササの新種を発見。のち妻を記念してスエコザサと命名
一九二八年	昭和三年	六六歳	二月二三日　妻寿衛子死す
一九三一年	昭和六年	六九歳	四月一一日　東京で自動車事故に遭い、負傷入院す
一九三六年	昭和十一年	七四歳	一一月　『牧野植物学全集』（誠文堂新光社）全六巻付録一巻を完成
一九三七年	昭和十二年	七五歳	一月二五日　朝日文化賞を受ける
一九三九年	昭和十四年	七七歳	五月二五日　東京帝国大学理学部講師を辞任
一九四〇年	昭和十五年	七八歳	九月　福岡・大分県境の犬ケ岳で崖から転落して負傷し、別府で静養。一二月三一日、帰京 九月二九日　『牧野日本植物図鑑』（北隆館）を出版

一九四一年	昭和十六年	七九歳	満州（現中国東北部）のサクラ調査のため神戸を出帆（五月三日）、約五千点の標本を採集して、六月一五日、帰国 一二月　安達潮花の寄贈により「牧野植物標本館」を建設。池長研究所の標本三〇万点、二五年ぶりに戻る
一九四三年	昭和十八年	八一歳	八月二〇日　『植物記』（桜井書店）を出版
一九四四年	昭和十九年	八二歳	四月一〇日　『続植物記』（桜井書店）を出版
一九四五年	昭和二十年	八三歳	五月　山梨県北巨摩郡穂坂村に疎開 一〇月二四日　帰京
一九四六年	昭和二一年	八四歳	五月一日　『牧野植物混混録』第一号を出版（鎌倉書房。一一号以降は北隆館）
一九四八年	昭和二三年	八六歳	七月一五日　『趣味の植物誌』（壮文社）を出版
一九四九年	昭和二四年	八七歳	四月一日　『学生版　牧野日本植物図鑑』（北隆館）を出版 六月二三日　急性大腸カタルで危篤となるも回復
一九五〇年	昭和二五年	八八歳	五月三一日　『図説普通植物検索表』（千代田出版社）を出版 一〇月六日　日本学士院会員に推さる
一九五一年	昭和二六年	八九歳	一月　文部省によって「牧野富太郎博士植物標本保存委員会」が設置さる 七月　文化功労者に選ばれる

一九五二年	昭和二七年	九十歳	郷里の佐川町旧居跡に「牧野富太郎先生誕生之地」の記念碑が建立さる
一九五三年	昭和二八年	九一歳	一月一七日　肺炎で重態となるも回復 七月　清水藤太郎と共著の『植物学名辞典』（和田書店）を出版 一〇月一日　東京都名誉都民に推さる
一九五四年	昭和二九年	九二歳	五月一日『学生版 原色植物図鑑』（野外植物篇）』（北隆館）を出版 一二月二五日『学生版 原色植物図鑑（園芸植物篇）』（北隆館）を出版
一九五六年	昭和三一年	九四歳	九月　東京都が、東京都立大学に「牧野標本館」設置を決定 九月『植物学九十年』（宝文社）を出版 一一月『草木とともに』（ダヴィッド社。中村浩編集）を出版 一二月『牧野富太郎自叙伝』（長嶋書房）を出版 一〇月一一日　腎盂炎、腎臓結石を併発し、病状悪化 一二月一七日　郷里佐川町の名誉町民となる
一九五七年	昭和三二年	九五歳	一月一八日　午前三時四三分死去。満九四歳。死後、文化勲章を授与さる

〔本表は、牧野富太郎著『我が思ひ出』（北隆館）をもとに作成しました〕

ヤ行

ラ行

ワ行

マ行

サ行

タ行

ナ行

ハ行

人名索引

（ただし，中国人は日本語読み）

ア行

カ行

平凡社ライブラリー　388

牧野富太郎《まきのとみたろう》

私は草木の精である

発行日…………2001年3月10日　初版第1刷
2022年9月28日　第2版第1刷

著者……………渋谷章

発行者…………下中美都

発行所…………株式会社平凡社
〒101-0051　東京都千代田区神田神保町3-29
電話　(03)3230-6579[編集]
(03)3230-6573[営業]

印刷・製本……中央精版印刷株式会社

ＤＴＰ…………平凡社制作

装幀……………中垣信夫

ISBN978-4-582-76388-1

平凡社ホームページ　https://www.heibonsha.co.jp/

落丁・乱丁本のお取り替えは小社読者サービス係まで
直接お送りください（送料は小社で負担いたします）。

J・＝H・ファーブル著／日高敏隆・林瑞枝訳
ファーブル植物記　上

ファーブルは『昆虫記』のほかにも沢山の科学の入門書を残した。様々な比喩をもって優しく語りかけるスタイルは、19世紀博物学の時代の、古典の面白さに溢れる。

J・＝H・ファーブル著／日高敏隆・林瑞枝訳
ファーブル植物記　下

下巻はファーブルらしさがより濃厚に現われ、「植物の生き方」の話が満載。様々な比喩をもって優しく語りかけるスタイルは、19世紀博物学の時代の古典の面白さに溢れる。

Ch・ダーウィン著／渡辺弘之訳
ミミズと土

進化論で著名なダーウィンの輝かしき経歴の最後を飾る「ミミズの働きによる肥沃土の形成およびその習性の観察」（一八八一年）の完訳版。

解説＝スティーヴン・J・グールド

カレル・チャペック著／飯島周訳
園芸家の一年

いつも土作りや植え替え、水やりのことで頭がいっぱい——そんな園芸家の〈あるある〉を愛情たっぷりに描く園芸エッセイ。チェコ語原典訳ついに文庫化！

解説＝いとうせいこう

澁澤龍彦著
フローラ逍遙

水仙、コスモス、薔薇など著者が愛する25の花々を豊富なエピソードとともに描く、最晩年の名エッセイ。東西の代表的な植物画75点をオールカラーで収録。

図版解説＝八坂安守